Tainara Quirino

I0479753

Presunção de Inocência no Supremo Tribunal Federal

Mudanças de paradigmas

EDITORA MERAKI

Acompanhamento editorial Leonam Liziero
Capa Brenda Santos

Editora Meraki
Conselho Editorial
Alexandre Walmott Borges (UFU)
Alessandra Silveira (UMinho)
Ari Marcelo Solon (USP)
Dawid Bunikowski (UEF)
Diva Julia Safe Coelho (PNPD-CAPES/UFU)
Felipe Magalhães Bambirra (UniALFA)
Gonçal Mayos (UB)
José Carlos Remotti (UAB)
Osvaldo Alves de Castro Filho (UFMS)
Saulo Pinto Coelho (UFG)

Q8	Quirino, Tainara
	Presunção de Inocência no Supremo Tribunal Federal: Mudança de Paradigmas/Tainara Quirino. Andradina: Meraki, 2019.
	Bibliografia
	ISBN 978-16-766-7438-2
	1. Direito constitucional 2. Neves, Marcelo 3 Supremo Tribunal Federal
	1. Título
	CDU – 342.7 CDD – 342.085

À minha mãe, meu amor maior, minha eterna protetora e incentivadora.
Pessoa que me sustentou até aqui diante dos meus piores dias.
Minha eterna gratidão.

ÍNDICE

TAINARA QUIRINO

PREFÁCIO

Iniciei há alguns anos meus estudos sobre a densa obra de Marcelo Neves. Desde então, tem sido um dos autores mais influentes em como penso o Direito e, em especial, o Direito brasileiro. Suas cinco obras publicados no Brasil pela Editora Martins Fontes deixam evidente lineariedade em seu pensamento, cuja parte final ainda é *Entre Hidra e Hércules* [1 ed. 2013].

Em meu primeiro semestre como professor do Programa de Pós-Graduação em Ciências Jurídicas da UFPB lecionei a disciplina "Teoria Geral do Constitucionalismo", cujo plano em sua metade foi destinado ao estudo de sua então recém lançada obra no idioma Português, *Constituição e Direito na Modernidade Periférica* e da já citada *Entre Hidra e Hércules*. Apesar de ser uma disciplina para mestrandos e doutorandos, tenho como princípio abrir espaço para participação de qualquer um que se interesse pelos temas, inclusive alunos de graduação. Tenho por princípio em minhas aulas não fazer distinção em razão da titulação. Todos que participam, independentemente de serem doutorandos, mestrandos ou mesmo ouvintes graduandos, tem igual voz nos debates. Alguns destes últimos, ainda que ouvintes, conseguem algum destaque. A autora desta obra, de fato, é um desses casos.

Tainara Quirino, ainda durante sua graduação em Direito pela UFPB, no DCJ/Santa Rita, assistiu parte considerável das minhas aulas no PPGCJ/UFPB e começou por conta própria a estudar o autor, ainda que a dificuldade exigisse algum aprofundamento além do que normalmente se verifica em alunos da graduação. Seu afã em compreender as ideias de Marcelo Neves a levou a entrar em contato comigo na época para orientar sua monografia de graduação.

O estudo que vocês têm em mãos (física ou eletronicamente) busca debater as mudanças de entendimento do Supremo Tribunal Federal sobre a presunção de inocência. Ao analisar diversos argumentos de Ministros da Corte sobre o tema, Tainara Quirino indaga se (e como) é possível considerar a presunção de inocência como princípio. Para tanto, ao invés de se ater aos muitas vezes rasos argumentos apresentados feitichistas de princípios, muitos em razão do turvo e mal fundado pensamento "pós-positivista" no Brasil, Tainara busca compreender como a presunção de inocência pode ser entendida no Brasil a partir das ideias de Marcelo Neves.

Evidentemente, este é o resultado de muitas das reflexões possíveis que o pensamento de Neves proporciona. Este livro funciona como um foco específico em se analisar alguns argumentos presentes em votos de Ministros do STF nos HC 84.078, HC 126.292, HC 152.752, bem como nas ADCs 43, 44 e 54, em que recentemente o STF reconheceu a constitucionalidade do art. 283 do Código de Processo Penal, cuja redação foi dada pela Lei nº 12.403/2011.

Aos que buscam se aprofundar especificamente no tema, é uma leitura recomendadíssima. No primeiro capítulo, Tainara busca explicar, ainda que de maneira sucinta, a distinção entre princípios e regras trazida por Neves em *Entre Hidra e Hércules*. No segundo capítulo, analisa as alterações de entendimento do STF sobre a presunção de inocência. No terceiro, enfim, apresenta como a relativização da presunção de inocência pode ser criticável a partir da teoria de Neves.

O Brasil, no campo do pensamento jurídico, há três décadas sofre de uma terrível desdita teórica: o malfadado *pós-positivismo* jurídico. Como um movimento (chamarei assim) sem maiores preocupações em estabelecer uma base sólida de alguma possível superação do posirivismo jurídico, o *pós-positivismo* levou à uma propagação ilusória de "retorno dos valores ao Direito" que mascara um triste comprometimento da já tão escassa normatividade constitucional brasileira. Marcelo Neves é uma das vozes que se insurgem contra o "fascínio principialista".

O uso dos princípios como panaceia, sobretudo propagado a partir de ideias de Luís Roberto Barroso, contaminou a prática jurídica, levando à verdadeiros despautérios. É possível parafrasear uma célebre passagem de Rousseau para o caso brasileiro: "se o pós-positivismo é inútil ao âmbito teórico que propõe, é ainda mais nefasto nos efeitos que produz".

Entre Hidra e Hércules é uma das diversas velas acesas na obscuridade teórica que vem assolando o pensamento jurídico brasileiro. Obra essencial em diversos aspectos. Marcelo Neves é um entre tantos nomes que buscam demosntrar os erros e perigos da banalização dos princípios jurídicos e em defesa da Constituição. É excelente para mim ver como o pensamento de Neves pode ser base para o desenvolvimento de pesquisas sérias como a de Tainara.

Essa obra, lançada pela Editora Meraki, proporcionará certamente uma leitura satisfatória aos que buscam compreender, com a devida clareza, os entendimentos sobre presunção de inocência do STF, bem como ter alguma iniciação ao pensamento de Marcelo Neves.

João Pessoa, primavera de 2019

Leonam Liziero

Doutor em Teoria e Filosofia do Direito – UERJ, com Pós-Doutorado em Direito – UFRJ. Professor do Programa de Pós-Graduação em Ciências Jurídicas – UFPB e do DCJ/UFPB.

TAINARA QUIRINO

INTRODUÇÃO

Desde o ano de 2009, o Supremo Tribunal Federal suscitou em sede jurisprudencial mudança de paradigmas acerca do princípio constitucional da presunção da inocência, relativizando-o de acordo com casos concretos e emblemáticos, conforme será tratado. Nesses casos, os membros do STF tentaram demonstrar que o entendimento havia sido sedimentado, criando uma pacificidade momentânea de entendimento. Ocorre que, esses entendimentos ditos pacíficos pelo STF, foram alterados por vários anos: 2009, fevereiro de 2016, outubro de 2016, novembro de 2016 e 2018.

A partir do livro *Entre Hidra e Hércules,* do autor Marcelo Neves, é tentado explicar com base no denso arcabouço teórico, a possibilidade ou não de adequação e relativização de princípios e regras para que se chegue a uma solução concreta palpável, justificável, justa e cabível.

Toda discussão ocorre em razão de o STF não promover, aos olhos dos impetrantes dos Habeas Corpus conhecidos que serão citados ao longo do escrito, a segurança jurídica necessária, utilizando argumentos que não são válidos do ponto de vista jurídico-constitucional, inviabilizando, inclusive, a ampla defesa e contraditório.

A discussão veio à tona com a notoriedade do caso da prisão do ex-Presidente Luiz Inácio Lula da Silva, que desencadeou a ocorrência do Habeas Corpus 152.752, no qual a prisão antes do trânsito em julgado foi permitida, segundo as explicações do presente texto, sem embasamento jurídico necessário para tal.

Em 2009, o STF, pela primeira vez, decidiu que a prisão antes do trânsito em julgado só poderia ocorrer se o caso fosse enquadrado em medida cautelar, sendo, portanto, necessário fundamentação para a imediaticidade da prisão. Caso contrário, estaria flagrante a violação ao princípio constitucionalmente assegurado.

Posteriormente, em 2016, no julgamento do Habeas Corpus de número 126.292, a Suprema Corte decidiu que o acórdão proferido em grau de apelação, se pendente de Recurso Especial ou Extraordinário, não estaria acobertado pelo princípio da presunção da inocência, em razão da ausência de discussão da matéria de fato, mas apenas de direito. Também entenderam dessa forma sob justificativa de que os recursos mencionados não são dotados de efeito suspensivo.

Ainda sobre este fato, é importante ressaltar que a decisão gerou impactos inimagináveis para os Tribunais de ordem criminal, visto que a possibilidade da prisão antes do trânsito em julgado foi aplicada de forma irrestrita, para qualquer crime, para qualquer pena e em qualquer tribunal. Apesar de não ser o objeto do presente escrito, é necessário fazer constar o caos de superlotação nas prisões e consequentes violações constitucionais.

Gilmar Mendes, à época, por exemplo, fez questão de constar que essa prisão antecipada apenas deveria ocorrer se justificada nas hipóteses de prisão preventiva, em que, obviamente, seria devido sopesar a ordem e segurança pública em detrimento da liberdade de um indivíduo[1]. Apesar de exemplificar que consideraria a reincidência como requisito para

---

[1]Comentários: Ressalta a necessidade de fundamentação a fim de evitar a antecipação da pena que é inconstitucional (STF. Habeas Corpus n. 84.078. Relator: Min. Eros Grau. Minas Gerais, DJ: 05/02/2009. *STF*, 2009. Disponível em:
<http://redir.stf.jus.br/paginadorpub/paginador.jsp?docTP=AC&docID=60853 1>. Acesso em: 02 Set. 2019).

a prisão preventiva, entendeu que a hipótese da prisão antecipada é restritiva e não a regra. Todavia, de maneira que nos parece antagônica à construção dos argumentos, concordou com a prisão antes do trânsito em julgado, ressaltando a necessidade da análise caso a caso, no julgamento do referido HC.

Da mesma forma, no ano de 2018, a votação ganhou força no sentido de possibilitar a prisão mesmo sem os esgotamentos dos recursos. Todavia, há de se salientar o posicionamento do Ministro Marco Aurélio, proferido em 19 de dezembro de 2018, no julgamento da Ação Direta de Constitucionalidade de número 54, que é o entendimento seguido no presente artigo. Ele disse expressamente em seu julgamento que não havia técnica jurídica de fundamentação dos ministros que entendem pela relativização do princípio da presunção da inocência:

> Sob o ângulo do risco, realça que, na esteira do precedente firmado no habeas corpus nº 126.292, por apertada maioria de votos, magistrados têm determinado, sem motivação adequada, a execução provisória da pena de prisão antes do trânsito em julgado de decisão condenatória proferida em segunda instância[2].

Marcelo Neves tenta explicar que princípios e regras não necessariamente se relacionam com a possibilidade de discricionariedade interpretativa. Mas, na realidade, os princípios têm, no sistema jurídico, a função de ampliar as possibilidades de argumentação.

Conforme as próprias palavras de Marcelo Neves, "os princípios atuam como estímulos à construção de argumentos que possam servir a soluções satisfatórias de casos, sem que estas se reduzam a opções discricionárias."[3] De toda forma, salienta que não apenas os princípios são responsáveis por solucionar os casos concretos, porque a complexidade dos casos

---

[2] BRASIL. STF. Medida Cautelar na Ação Declaratória de Constitucionalidade nº 54. Relator: Min. Marco Aurélio. **Diário Oficial da União**. Brasília, 2018. Disponível em: <https://www.conjur.com.br/dl/adc-54-marco-aurelio-transito-julgado.pdf>. Acesso em: 09 set. 2019.
[3] NEVES, Marcelo. *Entre Hidra e Hércules: Princípios e Regras constitucionais*. WFM Martins Fontes: São Paulo. 2013. p. XVI.

concretos requer a maior especificidade da norma.

A leitura de Marcelo Neves faz-se necessária também para aclarar que a aplicabilidade de um princípio ou regra, constitucional ou não, não guarda relação com hierarquia das normas.

Inclusive, no voto do Habeas Corpus de número 152.752, o ministro Gilmar Mendes demonstrou a complexidade da controvérsia, citando como base a mesma linha teórica do autor Marcelo Neves:

> Portanto, não estamos diante de uma regra que se resolve na fórmula de tudo ou nada, mas de um princípio passível de conformação, sendo natural à presunção de não culpabilidade evoluir-se de acordo com o estágio do procedimento. Desde que não se atinja o núcleo fundamental, o tratamento progressivamente mais gravoso seria aceitável.

Embora não exista uma relação de hierarquia entre princípios e regras, em relação à problemática discutida no presente escrito, em razão do caráter social e repercussão da temática, por uma sucinta análise feita, pretende-se demonstrar que o princípio constitucional que está em preponderância aqui é mais adequado a solucionar o conflito social complexo demarcado, de acordo com as matrizes eminentemente de direito constitucional e por isso deve ser colocado em supremacia.

Os princípios são responsáveis por indicar premissas básicas, um recorte de campo específico, bem como são utilizados de maneira basilar, mas estes devem ser interpretados de forma harmônica com todo o conjunto legal. Neste sentido é importante frisar que o princípio constitucional que gera a controvérsia do presente escrito guarda inteira relação com o Código de Processo Penal e o Código Penal, sendo o artigo 5º, inciso LVII da Constituição Federal um norteador, sem esquecer a necessidade de harmonização com as demais legislações.

1

PRINCÍPIOS E REGRAS, SEGUNDO MARCELO NEVES

Marcelo Neves é um importante pensador contemporâneo do Direito Constitucional que, dentro de teses criadas e suscitadas há muitas décadas, traz novas perspectivas para o arcabouço teórico constitucional atual. Com um largo e denso currículo, prescindível aqui mencionar, tratou de temáticas como Transconstitucionalismo, Teoria dos Sistemas, Teorias da Democracia, Filosofia do Direito. Para o trabalho aqui tratado, em relação aos paradigmas e mudanças do STF perante a interpretação do princípio constitucional da presunção de inocência, utilizou-se o livro por ele produzido: *Entre Hidra e Hércules: Princípios e regras constitucionais.*

Isto se deve ao fato de que as diversas interpretações, sob a perspectiva deste autor, utilizado como subsídio teórico para o presente escrito, podem gerar a instabilidade de paradigmas. Para chegar à melhor interpretação do caso concreto, o autor tenta destrinchar a principiologia, na origem do termo, entre os princípios e regras, demonstrando também formas equivocadas de interpretações sobre a acepção desses vocábulos.

Fica bastante evidente que o objetivo maior da obra é propiciar subsídio teórico suficiente para a resolução de casos práticos, casos esses que demonstram a presente controvérsia de relevante valor social, em razão, principalmente, da relativização do princípio da liberdade. Quais então, seriam os argumentos juridicamente válidos para a relativização? Como pensou o legislador ao estabelecer tal princípio? Até que ponto os julgadores da Suprema Corte podem imprimir suas teses para relativizar o princípio?

1.1 Breve explicação sobre a função dos princípios e regras dentro do ordenamento jurídico

Na perspectiva de Marcelo Neves, os princípios possuem a função de propiciar a flexibilização ao sistema jurídico, proporcionando também as alegações argumentativas. Estes, por sua vez, não são suficientes para solucionar os casos concretos. Os casos complexos, que não gozam da obviedade, necessitam também da aplicação de regras. Entre princípios e regras não existe sobreposição de um sobre outro, mas sim harmonia.

Desde já, é importante mencionar que os princípios aqui tratados não carregam consigo os valores explanados por manuais comuns da academia, nos quais parecem representar termos vagos e inócuos. Mas, na verdade, constituem "premissas básicas, postulados de uma área de saber, leis básicas da lógica"[4].

Para Dworkin, os princípios são a fundamentação diretiva para a solução do caso concreto. Mas, o homem tem o papel fundamental de analisar e sopesar todos os princípios possíveis e utilizáveis para a adequação ao caso concreto[5].

A relação entre princípios e regras é interdependente, ao passo que é necessária a autointegração de ambos para que o conjunto das normas passe a produzir sentido coerente. Ao

---

[4] NEVES, Marcelo. *Entre Hidra e Hércules: Princípios e Regras constitucionais.* WFM Martins Fontes: São Paulo. 2013. p. XXII- XXIII.
[5] DWORKIN, Ronald. (1991ª). *Taking Rights Seriously* [1977]. 6º.ed.Londres: Duckworth [trad.bras.: *Levando os direitos a sério.* São Paulo: Martins Fontes, 2002]. p. 31-4.

adentrar no caso da relativização do princípio da presunção da inocência, cumpre ressaltar que todo contexto normativo aponta para a proteção da liberdade do indivíduo até o trânsito em julgado do processo, conforme será demonstrado abaixo[6].

Segundo Marcelo Neves, "os princípios e regras infraconstitucionais só serão levados em conta quando sua compreensão, interpretação ou aplicação lançarem luz ou servirem à interpretação ou aplicação dos princípios e regras constitucionais"[7]. Isso significa dizer que não cabe interpretação mais explícita que pareça ser de regra infraconstitucional que contrarie o texto da Constituição Federal.

1.2 Problemática na interpretação de princípios e regras

Marcelo Neves pontua a problemática quanto ao balizamento e delimitação entre princípios e regras no quesito óbvio: a interpretação. O maior desafio é conciliar o entendimento do intérprete com o verdadeiro significado que o legislador tentou atribuir para a norma. Mais difícil ainda se torna esse ofício, tendo em vista o caráter de alteridade da norma, combinado com as atualizações doa própria sociedade. Falar em abstrato não parece suficientemente claro ao leitor, esta não é uma tarefa primária compreendida nos primeiros períodos do curso de direito, mas sim com a vivência de experiências complexas como:

> (...) seja delimitado claramente o sentido de "pluralismo político", nos termos do art. 1º, inciso V, da Constituição Federal, persistirá a dificuldade em determinar quais as situações fáticas em que um partido extremista deve ser considerado uma ameaça ou um perigo para o pluralismo jurídico[8].

---

[6] NEVES, Marcelo. *Entre Hidra e Hércules: Princípios e Regras constitucionais.* WFM Martins Fontes: São Paulo. 2013. p. XXIV.
[7] NEVES, Marcelo. *Entre Hidra e Hércules: Princípios e Regras constitucionais.* WFM Martins Fontes: São Paulo. 2013. p. XXIV.
[8] NEVES, Marcelo. *Entre Hidra e Hércules: Princípios e Regras constitucionais.* WFM Martins Fontes: São Paulo. 2013. p. XXIV.

De forma a afunilar as possibilidades de teorias válidas a serem utilizadas na compreensão do fenômeno de escolha legislativa a aplicar, fica claro que Hegel, mesmo em sua enorme sapiência, não pode oferecer sua teoria como solução prática aos casos concretos. Isto porque Hegel defende o estado ideal de determinadas coisas, que, para um princípio, o que se caracteriza como estado ideal, para outro, significa a sua completa aniquilação. Se existe um estado ideal para um dos princípios, outro será totalmente excluído. Conforme sabemos, não é permitido que um princípio seja absoluto[9].

Tampouco deve ser feita a escolha pela utilização de princípios ou regras com base na finalidade da norma. Isso porque nem toda norma possui uma finalidade, independente de sê-la princípio ou regra. Não são todos os princípios que foram criados para uma finalidade, muitas vezes eles foram criados sob forma de abstração. Em sequência, vale ressaltar que também não são diferidos os princípios e as regras com base no valor da norma[10].

A ideia de valor está ligada à característica deontológica de uma sociedade. Todavia, esse valor, no Brasil, não está relacionado com a forma pela qual aquela determinada regra, seja norma ou princípio, foi incorporada pelo ordenamento jurídico. Há, por exemplo, normas proibitórias que carregam consigo muito mais valor, para uma sociedade ocidental, do que mesmo um princípio constitucional. Os valores são variáveis e intrínsecos a cada sociedade ou, até em grau mais restrito, a cada indivíduo[11].

---

[9] HEGEL, G.W.F. Grundlinien der Philosophie des Rechts oder Naturrecht und Staatswissenschaft im Grundrisse. Mit Hegels eigenhändigen Notizen und den mündlichen Zusätzen, W 7. E. Moldenhauer e K. M. Michel (ed.). Frankfurt a. M: Suhrkamp [1ª ed. Berlim, 1821]. p. 435-6 (§ 273) e 504 (§342).

[10] NEVES, Marcelo. *Entre Hidra e Hércules: Princípios e Regras constitucionais*. WFM Martins Fontes: São Paulo. 2013. p. 35.

[11] NEVES, Marcelo. *Entre Hidra e Hércules: Princípios e Regras constitucionais*. WFM Martins Fontes: São Paulo. 2013. p. 28-30.

1.3 Embasamentos clássicos para a distinção de princípios e regras: Dworkin e Alexy

Dworkin pensa em um modelo de princípios e regras no qual a discricionariedade do intérprete acerca da norma não é cabível. Ele alega, em sua tese, que as regras existem para que possam ser encaixadas quase que perfeitamente no caso concreto. Caso não exista regra que se adeque, deve o julgador aplicar os princípios para solucionar o conflito, não imprimir sua própria vontade. Para o citado autor, a regra é elemento que se adequa ou não ao caso concreto, de forma taxativa[12].

Ainda em sua perspectiva, os princípios, diferentemente, são aplicados conforme a relevância valorativa para o caso. Apesar de haver ligação entre princípio e moral, Dworkin dá início ao que posteriormente seria chamado de segurança jurídica, pois prelecionou que:

> Os indivíduos têm direito à aplicação consistente dos princípios sobre os quais se assentam as suas instituições. É esse direito constitucional, do modo como o define a moralidade constitucional, que Hércules deve defender contra qualquer opinião incoerente, por mais popular que seja[13].

Alexy critica a tese de Dworkin por duas razões. A primeira delas é que Dworkin afirma que as exceções são taxativas e, se o caso não estiver na regra, terá sempre uma exceção prevista para ele. Ora, atualmente é bem sedimentado que é impossível prever todas as situações concretas em legislação, assim como é impossível prever as exceções, fatores que são previstos na legislação e doutrina, já existindo meios para lidar com a possiblidade de composições sem previsões expressamente legais[14].

---

[12] NEVES, Marcelo. *Entre Hidra e Hércules: Princípios e Regras constitucionais*. WFM Martins Fontes: São Paulo. 2013. p. 52.

[13] DWORKIN, Ronald (1985). A *Matter of Principle*. Oxford: Clrendon Press [trad. bras.: *Uma questão de princípio*. São Paulo: Martins Fontes, 2001]. p. 126.

[14] NEVES, Marcelo. *Entre Hidra e Hércules: Princípios e Regras constitucionais*. WFM Martins Fontes: São Paulo. 2013. p. 51-53.

A segunda, trata-se da rigidez na alegação de Dworkin, ao estabelecer que a regra deve se adequar exatamente ao caso concreto ou simplesmente ser inutilizada. Alexy também faz uma crítica em direção à Dworkin em razão da afirmação de que apenas os princípios "possuem a dimensão de peso"[15], ou seja, a dimensão valorativa.

Alexy, por sua vez, sustenta a tese de que os princípios merecem e devem ser ponderados. Sopesar os princípios significa, para Alexy, saber em qual grau será utilizado cada um deles no plano concreto. Os princípios são sempre como fundamentos para as regras, mas também são diretamente fundamentos para decisões concretas, sem necessariamente passar pelo subsídio das regras. Os princípios são também direitos constitucionais que na perspectiva de aplicação direta, possuem caráter de regra[16].

Contrariamente a esta tese, Habermas afirmava que os princípios eram basilares e davam sentido para as demais normas. Para Habermas, os princípios não transpareciam uma questão de preferência pessoal, mas sim de dever no sentido da obrigatoriedade. Ainda neste raciocínio, não considerava que seria possível haver o sopesamento para fundamentar e justificar qualquer decisão. Segundo este autor, os direitos fundamentais deveriam prevalecer sobre os bens coletivos, em concordância com Dworkin[17].

Alexy discorda, apontando que se assim o fosse, nunca haveria prevalência do direito de proteção ao meio ambiente, em detrimento do direito de propriedade, por exemplo. O contra-argumento de Habermas consiste em frisar que os direitos fundamentais seriam suprimidos perante bens coletivos quando estes últimos fossem motivados e fundamentados por princípios. Alexy afirma, por fim, que se assim o fosse, não haveria proteção dos direitos individuais em relação aos direitos

---

[15] NEVES, Marcelo. *Entre Hidra e Hércules: Princípios e Regras constitucionais*. WFM Martins Fontes: São Paulo. 2013. p. 55.
[16] NEVES, Marcelo. *Entre Hidra e Hércules: Princípios e Regras constitucionais*. WFM Martins Fontes: São Paulo. 2013. p. 60-61.
[17] Habermas, 1992, pp. 311 [trad. bras. 2003], vol. I, p. 317.

coletivos[18].

A diferença básica entre Alexy e Dworkin é que o primeiro afirma que as exceções de uma regra não podem ser expressamente elencadas de modo a fazer parte do próprio enunciado, diametralmente oposto ao que afirma Dworkin[19].

Marcelo Neves discorda de ambos, ao passo que, para ele, no caso concreto, as normas precisam de ponderação e medição do peso como critério para resolver o conflito. Isto é, as regras, ao serem ponderadas, constituem as anteriormente chamadas exceções, que, na realidade, não são excluídas completamente da resolução do caso concreto, mas possuem diferentes níveis de aplicabilidade. Sobre os princípios, afirma Neves que são aplicados de forma mediata, tendo em vista que as regras sempre intermediam os princípios e o caso concreto, seja de forma mediata ou através de uma interpretação jurisprudencial.

1.4 O modelo de Marcelo Neves sobre diferenças entre princípios e regras

A partir das ponderações feitas no subtópico anterior, Marcelo Neves inicia a sua própria tese de diferenciação de princípios e regras, adotando novos critérios e novas medidas. Primeiramente é analisado sob qual prisma deve-se verificar a diferenciação retratada. Restou pertinente que as normas em aspecto abstrato, expresso, principiológico, evidente não necessitam de maiores análises. É sob o aspecto da norma que deriva de interpretação, que não é expressa ou que muitas vezes nem está no compilado escrito e normativo, que pairam as principais dúvidas. São normas que decorrem de outras normas e princípios, ou normas que, ainda que expressas no texto normativo, guardem variáveis possibilidades de interpretação[20].

---

[18] NEVES, Marcelo. *Entre Hidra e Hércules: Princípios e Regras constitucionais*: WFM Martins Fontes: São Paulo. 2013. p. 74-76.
[19] NEVES, Marcelo. *Entre Hidra e Hércules: Princípios e Regras constitucionais*: WFM Martins Fontes: São Paulo. 2013. p. 77.
[20] NEVES, Marcelo. *Entre Hidra e Hércules: Princípios e Regras constitucionais*. WFM

Isto é tratado em seu livro da seguinte forma: o escritor chama de *alter* e *ego* duas situações de aplicabilidade das normas. *Alter* seria a forma como o legislador redige o texto normativo, que, até então, não possui aplicabilidade concreta. Já o *ego* diz respeito à situação em concreto, ao papel do intérprete[21]. Dadas essas duas antagônicas posições, o escritor deixa claro que a importância da diferença entre regras e normas apenas importa no plano da aplicação, do caso concreto, do ego. Segundo Neves:

> Só quando surge a controvérsia sobre a norma a aplicar ao caso, no contexto de um conflito interpessoal concreto ou no âmbito de um controle abstrato de normas, a diferença entre regras e princípios ganha relevância prática e teórica. Portanto, apenas quando se passa para o plano da argumentação jurídica essa distinção pode ser problematizada[22].

Explicita, ainda, no mesmo sentido, que

> Quando, porém, as pretensões de validade sustentadas implicitamente em ações ou atos de fala são problematizadas na interação concreta e exige-se justificação do respectivo agente ou falante, entra-se no plano do discurso, no qual, diversamente do plano da ação, não se ganham novas informações, mas intercâmbio de argumentos[23].

No mundo concreto, o próprio discurso gera dissenso sobre determinadas práticas (no plano das ações) e, com isso, é capaz de alterar aquela determinada atuação. Deixa claro o autor que, nesse aspecto, discorda de Habermas, ao passo que esse último crê ser conveniente haver consenso entre o plano argumentativo e o plano fático[24].

É no plano argumentativo que é gerada a controvérsia, ao passo que é neste cenário que é possível discutir a aplicação de

---

Martins Fontes: São Paulo. 2013, p. 90-3.
[21] NEVES, Marcelo. *Entre Hidra e Hércules: Princípios e Regras constitucionais*. WFM Martins Fontes: São Paulo. 2013, p. 94.
[22] NEVES, Marcelo. *Entre Hidra e Hércules: Princípios e Regras constitucionais*. WFM Martins Fontes: São Paulo. 2013, p. 95.
[23] NEVES, Marcelo. *Entre Hidra e Hércules: Princípios e Regras constitucionais*. WFM Martins Fontes: São Paulo. 2013, p. 97.
[24] NEVES, Marcelo. *Entre Hidra e Hércules: Princípios e Regras constitucionais*. WFM Martins Fontes: São Paulo. 2013, p. 97.

normas, como escolher e sopesar princípios e regras. Essa inquietação argumentativa se encontra, segundo a nomenclatura baseada na tese de Luhmann, no plano de segunda ordem[25].

No plano de segunda ordem "os envolvidos na comunicação jurídica galgam outro plano, a partir do qual discutem sobre as normas a serem aplicadas, a sua validade, o seu sentido, as condições de seu cumprimento etc."[26]

As normas e regras nunca são enunciados indiscutíveis, imutáveis ou que tenham sido criados prontos para qualquer situação. Isto porque há sempre variáveis no plano de segunda ordem. Vejamos:

> O que se passa é que, na observação de primeira ordem, a diferença entre regras e princípios ainda é irrelevante. Quando, na observação de segunda ordem, instaura-se a controvérsia argumentativa em torno do sentido, da validade e das condições de aplicação das respectivas normas, a diferença entre princípios e regras ganha um significado imprescindível para o desenvolvimento consistente e adequado ao direito[27].

A partir desse ponto, Marcelo Neves começa a delinear que as regras são normas imediatas e representam requisito para a aplicação prática dos princípios. Já os princípios, por sua vez, são subsídios para a formação das regras e dão a estas o caráter dinâmico de transformação.

Ainda utilizando o que foi dito anteriormente como subsídio, Neves alerta que não é uma fórmula certa e delimitada que expressará quando determinada norma será princípio ou regra. Isto porque o enquadramento em uma categoria ou outra dependerá de como a norma ganhará notoriedade no ordenamento jurídico, na sua funcionalidade e na sua estruturação: "de antemão, não se pode definir qual padrão

---

[25] LUHMANN, 1997. *Die Gesellschaft der Gesellschaft*. Frankfurt am Main: Suhhrkamp, 2 tomos [trad. esp.: *La sociedad de la sociedad*. México: Herder/ Universidad Iberoamericana, 2007ª].

[26] NEVES, Marcelo. *Entre Hidra e Hércules: Princípios e Regras constitucionais*. WFM Martins Fontes: São Paulo. 2013, p. 99.

[27] NEVES, Marcelo. *Entre Hidra e Hércules: Princípios e Regras constitucionais*. WFM Martins Fontes: São Paulo. 2013. p. 100.

constitui um princípio ou uma regra. Vai depender do modo mediante o qual a norma será incorporada do ponto de vista funcional-estrutural no processo argumentativo."[28]

Em razão de não haver delimitação exata para aferição dessa distinção, pelo fato de sempre surgirem novas regras e novos princípios em inovação no sistema jurídico e por causa do caráter transmutável das normas, não é possível que se defina permanentemente o que é princípio e o que é regra. Na realidade, o que o autor quer dizer é que existem normas que nem se enquadram como princípios, nem como regras[29].

Assim sendo, surgiu um termo jurídico, utilizado por vários autores, a exemplo de Dworkin, que representa essa situação: híbridos. Dentro dessa classificação, dessa vez respaldado por Aarnio, Marcelo Neves menciona uma classificação de regras que, por sua vez, funcionam como princípios. Regras que funcionam como princípios dizem respeito a normas que guardam em sua sentença um termo "de aplicação cognitiva ou valorativamente aberto"[30]. Pela leitura, depreende-se que esses termos de significados valorativamente abertos são termos que abrem grande margem para interpretação, que não há conceitos delimitados sobre o que representam. Por outro lado, também existem os princípios que mais se assemelham às regras, em razão da sua aplicabilidade imediata.

Nessa perspectiva, sem considerar o plano de aplicação da norma para que se chegue à solução do caso concreto, de forma imediata, tanto uma como a outra situação antagônica citadas acima são normas que, em seus princípios, são incompletas, já que não constituem inteiramente nem regras e nem princípios. Marcelo Neves exemplifica em seu livro que o princípio da proporcionalidade é um híbrido, a justificar o que se segue:

Isso nos leva a crer que a proporcionalidade em sentido estrito,

---

[28] NEVES, Marcelo. *Entre Hidra e Hércules: Princípios e Regras constitucionais*. WFM Martins Fontes: São Paulo. 2013. p. 103.

[29] NEVES, Marcelo. *Entre Hidra e Hércules: Princípios e Regras constitucionais*. WFM Martins Fontes: São Paulo. 2013. p. 103.

[30] NEVES, Marcelo. *Entre Hidra e Hércules: Princípios e Regras constitucionais*. WFM Martins Fontes: São Paulo. 2013. p. 105.

que inclui o próprio mandamento da ponderação é um híbrido: do ponto de vista estrutural, é uma regra, ou seja, um critério ou uma razão definitiva para a solução do caso; sob aspecto funcional, é um princípio, pois atua no nível reflexivo do sistema jurídico, articulado com os princípios que pretende sopesar[31].

Explanada a classificação acima, Neves passa a análise da diferença de princípios e regras a partir de outro critério: o sistema interno jurídico. Neste ponto, há três autores que foram referências para tal: Habermas, defende um posicionamento, enquanto Derrida e Lotard defendem outro.

Para Habermas, levando em conta o sistema jurídico interno, as normas e princípios guardam intrínseca relação com a antiquíssima discussão entre direito e moral. Para ele, o direito moral e o direito positivo são equivalentes à noção de normas e princípios, respectivamente. Isto porque, para o autor mencionado, as regras guardam um grau de imutabilidade quando se referem ao coletivo, ao passo que é quase impossível discutir uma norma de direito coletivo, já que estas estão amparadas pelo direito moral. Já Derrida e Lotard afirmam o inverso, defendem a tese de que qualquer norma constitucional com embasamento moral deve ser desconstruída[32].

A teoria de Luhmann está em consonância com a tese dos dois últimos. Afirma que positivar o direito faz com que a Constituição se autocrie, sendo um processo autopoiético, de autocriação, de normatização do processo de normatização. Desta feita, este trabalho se distancia da ideia de que o direito é criado por uma moral ou baseado na religião. Sendo assim, "portanto a autofundamentação constitucional do direito supõe o funcionamento satisfatório do Estado de direito (ou *rule of law*, de maneira mais abrangente) no plano jurídico e democracia no âmbito político"[33].

---

[31] NEVES, Marcelo. *Entre Hidra e Hércules: Princípios e Regras constitucionais.* WFM Martins Fontes: São Paulo. 2013. p. 111.
[32] NEVES, Marcelo. *Entre Hidra e Hércules: Princípios e Regras constitucionais.* WFM Martins Fontes: São Paulo. 2013. p. 113.
[33] NEVES, Marcelo. *Entre Hidra e Hércules: Princípios e Regras constitucionais.* WFM Martins Fontes: São Paulo. 2013. p. 116.

É importante salientar, corroborando com as teses iniciais de Alexy e Dworkin, que apesar de as normas constitucionais oferecerem validade para as demais normas jurídicas, as próprias normas constitucionais devem ser interpretadas de acordo com o restante da legislação positivada. Os princípios servem, nesta tese, como um norteador-orientador de estruturação normativa, tendo em vista a diversidade de expectativas interpretativas da norma em uma sociedade, mas é a regra que é capaz de se adequar com mais precisão a um caso concreto complexo. Explana Marcelo Neves:

> No que se refere aos princípios e regras constitucionais no âmbito do sistema jurídico do Estado democrático de direito, a complexidade desestruturada do ambiente, que implica uma pluralidade de valores, interesses e expectativas normativas contraditórias, passaria por um crivo seletivo dos princípios, tornando-se complexidade estruturável. Porém, só com a determinação da regra a aplicar ao caso concreto a complexidade passa a ser estruturada, tornando-se possível a subsunção mediante uma norma de decisão[34].

Dada a informação que, dentro do sistema jurídico, as normas constitucionais e as normas não constitucionais não guardam uma relação de hierarquia vertical, mas sim circular, Neves faz um paralelo dessa relação também sobre princípios e normas. Ocorre que apenas o princípio não consegue alcançar o efeito jurídico requerido na solução do caso concreto, em razão da sua característica da flexibilidade: "só no desenvolvimento do processo concretizador delimita-se, à luz de regra, hipótese normativa, possibilitando a transformação do suporte fático (concreto) em fato jurídico irradiador de efeitos jurídicos concretos"[35].

Os princípios não conseguem oferecer, em um plano de segunda ordem, normas balizadoras que definem a solução do caso concreto. Já as metarregras são capazes de, *prima facie*, de maneira imediata, formular uma norma que resolve o conflito

---

[34] NEVES, Marcelo. *Entre Hidra e Hércules: Princípios e Regras constitucionais*. WFM Martins Fontes: São Paulo. 2013. p. 119.
[35] NEVES, Marcelo. *Entre Hidra e Hércules: Princípios e Regras constitucionais*. WFM Martins Fontes: São Paulo. 2013. p. 124.

no plano real. Por esta tese, os princípios não seriam normas concretizadoras e estas últimas apenas surgiriam no final do processo de concretização.

Marcelo Neves discorda dessa tese porque se assim o fosse, os aplicadores das normas não teriam obediência à nenhum diploma normativo concretizador. E, por óbvio, esses aplicadores não possuem o condão de ignorar a produção legislativa. Até porque, quando o órgão legislativo cria um texto normativo, atribui a ele um sentido, que apesar de ser discutido no processo concretizador, não pode destoar do objetivo claro e intrínseco à norma.

Os princípios representam o produto de uma moral, interesses e valores coletivos, e padrões do que se pode pensar ser a maioria. Mas, além disso, os princípios são balizadores dentro da realidade contraditória social. Desta feita: "os princípios constitucionais apresentam, respectivamente, maior mobilidade para exercer um papel seletivo perante essa diversidade contraditória, em uma esfera pública caracterizada pelo dissenso estrutural"[36].

Sedimentando o exposto acima, Marcelo Neves ainda escreve: "os princípios são mecanismos reflexivos em relação às regras. Eles podem servir a balizamento, à construção, ao desenvolvimento, à fortificação ou ao enfraquecimento, à restrição ou ampliação de conteúdo de regras"[37].

Na condição de regra, é necessário que haja um norteador interpretativo para o desenvolvimento e a construção teórica da norma e é exatamente o princípio que proporciona este norte. Sem esse balizamento, as regras são apenas normas incapazes de resolver casos de alta complexidade, em razão de serem limitadas ao contexto social normativo. São os princípios que são capazes de oferecer o amoldamento social necessário para alcançar os casos de maior complexidade:

---

[36] NEVES, Marcelo. *Entre Hidra e Hércules*: *Princípios e Regras constitucionais*. WFM Martins Fontes: São Paulo. 2013. p. 128.
[37] NEVES, Marcelo. *Entre Hidra e Hércules*: *Princípios e Regras constitucionais*. WFM Martins Fontes: São Paulo. 2013. p. 113.

Portanto, a importância dos princípios constitucionais relaciona-se com a capacidade de viabilizar uma reprodução complexamente adequada do sistema jurídico em relação à sociedade como um todo, ou melhor, ao ambiente social (e natural, ao menos como conteúdo de comunicações) do direito[38].

Todavia, não se pode incorrer no erro de supervalorizar os princípios em relação às regras, porque, conforme já dito, a relação é circular. As regras possibilitam que o sistema jurídico não fique demasiadamente engessado e rígido, tendo em vista a agilidade e mutabilidade do corpo social.

Há de se ressaltar que ainda que os princípios tenham caráter flexível e possam passar a ideia de insegurança jurídica ou prolixidade, por se encaixarem em diversas situações até mesmo antagônicas, estes não devem ser descartados, já que devem cumprir bem a sua real função em complementariedade com as regras.

Os princípios constitucionais servem ao balizamento, construção, desenvolvimento, enfraquecimento e fortalecimento de regras, assim como, eventualmente, para restrição e ampliação do seu conteúdo. Em suma, pode-se dizer, com o devido cuidado, que eles atuam como razão ou fundamento de regras, inclusive de regras constitucionais, nas controvérsias jurídicas complexas. Mas as regras são condições de aplicação dos princípios na solução de casos constitucionais[39].

Da mesma forma, no caso de inexistência de regra que faça sentido a um texto constitucional/legal no caso concreto, os princípios não terão todo complemento necessário para decidir, de forma que, inutilizando a regra, nenhuma força normativa essencial teria o princípio. Em casos de difícil resolução, embora haja uma relação mútua entre princípios e regras, há regras diretas e indiretas que determinam com maior exatidão a solução do caso.

Marcelo Neves esquematiza a relação entre princípios e regras dizendo que, ao crivar primeiramente qual princípio

---

[38] NEVES, Marcelo. *Entre Hidra e Hércules: Princípios e Regras constitucionais.* WFM Martins Fontes: São Paulo. 2013. p. 132.
[39] NEVES, Marcelo. *Entre Hidra e Hércules: Princípios e Regras constitucionais.* WFM Martins Fontes: São Paulo. 2013. p. 134.

utilizar para a resolução do caso, é possível definir quais os valores, interesses e pretensões morais referidos no contexto, além de tomar a direção de transformar o que é desestruturável em estruturável. Ao selecionar as regras a serem utilizadas, é possível, efetivamente, estruturar o caso de difícil resolução. Mas, nos casos concretos, os princípios são aplicados através dos filtros das regras, que por sua vez, não são obviamente aplicáveis, nem tampouco há apenas o encaixe de uma única regra no caso[40].

Para tornar a discussão mais vívida e palpável, vale citar aqui um exemplo colocado pelo autor supracitado em seu livro já mencionado diversas vezes. É demonstrado o caso do julgamento (pelo STF) do HC nº 82.424/RS, em que se discutia se um autor de um livro que negava a existência do holocausto deveria ou não incorrer no crime de racismo (art. 20 da Lei nº 7.716/89 e Lei 8.081/90 – nova redação). Para tal julgamento, cabia analisar se o ato praticado se enquadrava na Lei Penal[41].

As leis constitucionais não foram suficientes para resolver o caso, porque foram suscitados princípios pelo condenado, como o princípio da liberdade de expressão. Em contraponto, além do racismo, a acusação ainda requereu que o autor incorresse em crime contra a dignidade da pessoa humana e não-discriminação. Sendo assim, surgiram três perspectivas para a análise do caso.

A primeira é analisar se a Lei Penal, ao tipificar como crime, publicar conteúdo discriminatório em relação a grupos étnicos e/ou religiosos, estava extrapolando o que preleciona o art. 5º, XLII, em contraponto ao princípio da liberdade de expressão. A segunda seria saber se o caso concreto e fático realmente se enquadra na norma legal, em consonância com os princípios constitucionais. Por último, foi analisada a seguinte perspectiva:

> Admitido o enquadramento legal, a inclusão ou exclusão da hipótese normativa da regra penal (pressuposta a sua

---

[40] NEVES, Marcelo. *Entre Hidra e Hércules: Princípios e Regras constitucionais*. WFM Martins Fontes: São Paulo. 2013. p. 136.
[41] NEVES, Marcelo. *Entre Hidra e Hércules: Princípios e Regras constitucionais*. WFM Martins Fontes: São Paulo. 2013. p. 137.

constitucionalidade) no âmbito de incidência da regra constitucional referente ao crime imprescritível de racismo (seria crime de discriminação, mas não crime de racismo), igualmente definível à luz dos princípios constitucionais[42].

Para o primeiro e o último ponto é necessário analisar como questão principal o cabimento da regra penal em relação ao princípio constitucional, de forma que a discussão principal não gira em torno do princípio, mas sim da adequação da regra em relação a este. Na segunda questão, o ponto relevante é também saber acerca do encaixe da regra no caso concreto, sendo a discussão principiológica, mais uma vez, um debate secundário, a corroborar com as teses de análise já expostas.

O ponto crucial que Marcelo Neves deseja abordar é que, tratando-se de contraponto de princípios que são sopesados por um órgão julgador, que é também interpretador, é possível que em outra ocasião, por mais parecida que seja, haja a escolha de preponderância de algum outro princípio, como o da dignidade da pessoa humana, a depender de quem está argumentando e quais fundamentações principiológicas está usando.

Na íntegra, conclui Neves sobre a exemplificação:

> Em suma, pode-se concluir a respeito do exposto neste item: os princípios constitucionais como normas no plano da observação de segunda ordem de casos a decidir e normas de decisão são estruturas reflexivas em relação às regras; a relação entre princípios e regras implica uma relação circular reflexiva na dimensão da estática jurídica; a concretização constitucional exige uma regra completa ("norma geral") como critério imediato para a solução do caso mediante a norma de decisão; há uma impossibilidade prática de aplicação imediata de princípios sem intermediação de regras, sejam estas (atribuídas diretamente a dispositivos) legais ou constitucionais ou construídas (atribuídas indiretamente ao texto constitucional) jurisprudencialmente; a argumentação focada excessivamente em princípios constitucionais é sobremaneira falível, deixando amplo espaço para que se superem as próprias regras constitucionais desenvolvidas a partir dela[43].

---

[42] NEVES, Marcelo. *Entre Hidra e Hércules: Princípios e Regras constitucionais*. WFM Martins Fontes: São Paulo. 2013. p. 139.
[43] Comentários: não há problemática em interpretar princípios e regras no plano abstrato. Princípios e normas são discutíveis a partir do plano concreto, dos casos

1.5 Critérios sobre ponderação de princípios

Primeiramente, incumbe ressaltar que não somente a ponderação é um critério para utilização de princípios e até mesmo de regras para a solução de casos mais complexos. Neste tópico, Neves novamente faz críticas a Alexy e Dworkin para explicar a sua tese.

Os dois supracitados autores, criticados por Neves, partem do princípio de que existe apenas uma solução adequada ao caso concreto, como se simplista e ideal fosse. Em uma sociedade bastante complexa existem diversas possibilidades e aspectos mutáveis que chegam a determinar uma solução para o conflito[44].

As controvérsias não surgem apenas no âmbito das partes envolvidas no processo, mas, também, na seara dos próprios operadores do direito, sendo bastante evidente na instância de decisões colegiadas, nas quais cada julgador imprime em sua decisão seus valores, interesses e sua própria moral. Justamente por isso, ainda que uma maioria vença através de uma teoria argumentativa, não terá existido "consenso otimizante", porque quem produz e quem interpreta a norma possuem perspectivas diferentes sobre normas constitucionais. A ponderação precisa fazer com que a atividade do legislador não suprima totalmente a atividade do aplicador do direito, mutuamente[45].

---

difíceis. As normas são reflexos dos princípios, porque estas tendem a ser aplicadas de forma mais direta ao caso concreto. Obviamente há de se ressaltar que há princípios autoaplicáveis, que não necessitam de intermediação das normas. Todavia, princípios e regras guardam uma relação circular, ao passo que um faz referência e é interpretado a partir do outro. Os princípios, todavia, guardam o norte ou o pontapé inicial para desenvolver a interpretação das regras. Mas, os princípios necessitam, segundo essa tese, de regras completas para atingirem a "concretização constitucional", dada a amplificação geralmente presente nos princípios. (NEVES, Marcelo. *Entre Hidra e Hércules: Princípios e Regras constitucionais.* WFM Martins Fontes: São Paulo. 2013. p. 141.)

[44] NEVES, Marcelo. *Entre Hidra e Hércules: Princípios e Regras constitucionais.* WFM Martins Fontes: São Paulo. 2013. p. 141-2.

[45] NEVES, Marcelo. *Entre Hidra e Hércules: Princípios e Regras constitucionais.* WFM

Os princípios constitucionais, à medida que são caracterizados por serem estáticos e ao mesmo tempo dinâmicos, assemelham-se à relação entre princípios e direitos fundamentais. Isto porque, os direitos fundamentais, em decorrência de sua diversidade, "servem ao sistema jurídico como diferenciação funcional da sociedade"[46].

Neste comparativo, há um balanceamento entre princípios constitucionais e regras sob a perspectiva de que em muitas vezes as regras discorrem sobre direitos fundamentais, não sendo função exclusiva dos princípios. De maneira circular, princípios também podem discorrer sobre conteúdo específico que mais se adequaria à caracterização de regras, como por exemplo, princípios que tratam da estrutura do Estado e direitos institucionais. Nessa perspectiva, Marcelo Neves compara: "estão associados igualmente à diferenciação funcional da sociedade em sistemas operativamente autônomos, assim como a diferenciação entre homem e sociedade"[47].

Dada a explicação acima, Marcelo Neves trata do julgamento da ADI n° 3.510/DF sobre a utilização de células-embrionárias para fins de pesquisa, onde a comunidade religiosa alegava a violação do direito à vida e os pesquisadores defendiam o direito à saúde, liberdade de expressão científica. Nesta ocasião, a decisão foi favorável à possibilidade do estudo dessas células, na qual houve limitação da perspectiva religiosa, em detrimento da anulação do estudo científico que proporciona direito à saúde e direito à família; limitação essa que foi além da ponderação. A decisão também foi tomada de acordo com o contexto social de progresso da modernidade em relação aos direitos fundamentais[48].

Para Ladeur, o modelo de ponderação em prevalência

Martins Fontes: São Paulo. 2013. p. 143.
[46] NEVES, Marcelo. *Entre Hidra e Hércules: Princípios e Regras constitucionais.* WFM Martins Fontes: São Paulo. 2013. p. 143.
[47] NEVES, Marcelo. *Entre Hidra e Hércules: Princípios e Regras constitucionais.* WFM Martins Fontes: São Paulo. 2013. p. 144.
[48] NEVES, Marcelo. *Entre Hidra e Hércules: Princípios e Regras constitucionais.* WFM Martins Fontes: São Paulo. 2013. p. 145-146.

acarreta sérios riscos, pois pode acabar por não primar pela garantia dos direitos fundamentais "mediante uma práxis constitucional que assegure a "auto-organização da sociedade em diversos âmbitos funcionais", de tal modo que as respectivas autonomias sejam mantidas por "redes de relação" entre eles[49]. Ressalta-se ainda que utilizar-se do método de ponderação de maneira irrestrita acaba por retirar a importância dos direitos fundamentais no caso concreto.

Há também a crítica sobre a ponderação otimizante a partir de um termo estudado por Kuhn, que trata da incomensurabilidade. Ao adentrar apenas na parte principal da discussão, cabe dizer que este termo se refere aos diferentes olhares individuais sob determinado aspecto, bem como variáveis facetas de comunicação. Em razão disso, não há um órgão que possa resolver litígios "entre as esferas parciais de uma sociedade multicêntrica"[50].

Dessa explanação depreende-se que a incomensurabilidade é desvalorizada/irrelevante para o critério da ponderação otimizante, tendo em vista que "parte de uma instância subjetiva ou intersubjetiva supraordenada, capaz de determinar o que cabe definitivamente a cada esfera de vida."[51] Com melhor explicação posterior, afirma o autor que a ponderação otimizante pode satisfazer o plano da argumentação jurídica e da linguagem, mas, não possui a complexidade necessária para solucionar controvérsias em relação à aplicação de princípios antagônicos[52].

Nestes termos, admitindo o problema da incomensurabilidade das diversas leituras da Constituição e dos direitos fundamentais, pode-se admitir uma ponderação comparativa que encontre

---

[49] NEVES, Marcelo. *Entre Hidra e Hércules: Princípios e Regras constitucionais*. WFM Martins Fontes: São Paulo. 2013. p. 148.

[50] TEUBNER, Gunter (1996ª). *"Altera pars audiatur: das Recht in der Kollision anderer Universalitätsansprüch"*. In: Archiv für Rechts- und Sozialphihlosophie, suplemento [Beiheft] nº: 65. Wiesbaden: Steiner, pp. 199-200 [trad. bras.: *"Altera pars adiatur*: o direito na colisão de discursos". In: Gunther Teubner et al. Direito e cidadania na pós-modernidade. Piracicaba: Unimep, 2002, pp.91-129].

[51] NEVES, Marcelo. *Entre Hidra e Hércules: Princípios e Regras constitucionais*. WFM Martins Fontes: São Paulo. 2013. p. 149.

NEVES, Marcelo. *Entre Hidra e Hércules: Princípios e Regras constitucionais*. WFM Martins Fontes: São Paulo. 2013. p. 150.

caminhos além da autorreferência, viabilizando a observação recíproca a partir de perspectivas diversas. A argumentação, dentro desses parâmetros, reduz o "valor-surpresa" da decisão, mas implica sempre uma solução contingente, que não só pode provocar desilusão, mas também desencadear uma avalanche de críticas a partir de outras leituras da Constituição[53].

Quer-se dizer que a variável de ideias entre o legislador e o aplicador do direito não podem ser simplesmente anuladas uma em detrimento da outra, nem tampouco harmonizadas. Cada um desses polos utiliza critérios próprios de interpretação e linguagem que se relacionam com a política e com o próprio direito.

A ponderação otimizante também causa problemas quando se trata de uma seara transconstitucional, na qual ordens jurídicas divergem, podendo haver prevalência de opiniões próprias de ambas as partes, sem nenhum progresso para a solução do caso.

> O fundamental nesse caso é a construção de mecanismos que sirvam à rearticulação da identidade mediante a observação da solução oferecida pela outra ordem para um determinado problema. (...) Isso não significa a negação da identidade conforme um modelo inocente de pura convergência, mas a prontidão para uma abertura não apenas cognitiva, mas também normativa para outra(s) ordem(ns) entrelaçada(s) em casos concretos. Evidentemente, permanece uma incerteza acerca dos resultados, mas só mediante essa disposição é possível absorver o dissenso originário.[54]

Inexistentes esses mecanismos, é possível que surjam entraves de ambos os lados no tocante aos direitos humanos, direitos fundamentais e organização de poder. É sob essa análise que o autor defende que, mais adequado que a ponderação otimizante, principiologicamente, deve-se aplicar a contenção, a qual não será o processo final. Ela serve para reter ideias antagônicas para possibilitar o surgimento de novas ideias,

---

[53] NEVES, Marcelo. *Entre Hidra e Hércules: Princípios e Regras constitucionais*. WFM Martins Fontes: São Paulo. 2013. p. 152

[54] NEVES, Marcelo. *Entre Hidra e Hércules: Princípios e Regras constitucionais*. WFM Martins Fontes: São Paulo. 2013. p. 155.

fundamentos e argumentos.

O autor cita no livro um caso em que dois tribunais possuem posições antagônicas com relação a um caso específico, em que se discutia o sufocamento do princípio da proteção da imagem em detrimento do princípio da segurança estatal. Nesse caso, o tribunal que defendia o direito à imagem alegava que um direito fundamental estava sendo restringido, enquanto o tribunal oposto dizia que não havia esta restrição. Neves propõe como solução mais plausível não a ponderação otimizante, que teria efeitos catastróficos, mas sim a utilização da comunicação e abertura de ambos os tribunais para a aceitação de novas fundamentações no contexto *alter*[55].

Como fechamento deste ponto, Neves volta a afirmar a necessidade da relação de articulação e circularidade entre princípios e regras, ao passo que esses dois tipos normativos sempre estão envolvidos em contextos complexos e dinâmicos. Aceita como necessários tanto os critérios de ponderação otimizante, quanto incomensurabilidade e dupla contingência, principalmente quando há diversidade de ordens jurídicas no contexto do problema.

.

---

[55] NEVES, Marcelo. *Entre Hidra e Hércules: Princípios e Regras constitucionais.* WFM Martins Fontes: São Paulo. 2013. p. 156-160.

TAINARA QUIRINO

2

MUDANÇAS DE ENTENDIMENTOS DO STF ACERCA DA PRISÃO ANTES DO TRÂNSITO EM JULGADO

O princípio da presunção da inocência está prelecionado no artigo 5º, inciso LVII, que transcreve: "ninguém será considerado culpado até o trânsito em julgado de sentença penal condenatória."[56] É necessário iniciar este capítulo pela definição do princípio para entender qual o sentido da norma aos olhos do legislador e qual a sua relevância para o ordenamento jurídico.

É certo que, após tantos acontecimentos, inclusive e principalmente de cunho político, muito já foi discutido sobre as mudanças de interpretação do STF perante a norma constitucional. Ocorre que pouco é debatido sobre a tecnicidade e fundamentação que serviu de respaldo para a mudança de interpretação.

Segundo Rinaldo Mouzalas, João Otávio Terceiro Neto e Eduardo Madruga, o trânsito em julgado da decisão formal e/ou material dá-se quando esta não é mais passível de recurso,

---

[56] BRASIL. *Constituição da República Federativa do Brasil*. Brasília, 1988. Disponível em <http://www.planalto.gov.br/ccivil_03/constituicao/constituição.htm> Acesso em: 02 Set. 2019.

"independentemente de sua natureza e/ou a remessa necessária (considerado, por parte da doutrina, como espécie recursal)."[57] É nessa perspectiva que se dará o desdobramento interpretativo do princípio.

Lewandowski, inclusive, afirma no julgamento do HC 152.752 que o trânsito em julgado só é configurado depois de extinta a possibilidade até dos embargos declaratórios: "e pelo que eu sei, um julgamento só termina com a publicação do acórdão e o transcurso do prazo para interposição de eventuais embargos declaratórios."[58]

Pois bem, taxativamente foi clareado que o trânsito em julgado de um processo se dá quando este não possibilita mais a interposição de qualquer recurso ou embargos. Ocorre que, na decisão do emblemático Habeas Corpus 152.752, que julgou a possibilidade de o ex-Presidente Luiz Inácio Lula da Silva ser preso antes do esgotamento dos recursos, foram utilizados argumentos que, conforme a apresentação deste escrito, não eram amparados por fundamentos juridicamente válidos. Cumpre salientar que o presente trabalho pretende analisar esses fundamentos com enfoque constitucionalista, com base nas teses do autor Marcelo Neves, em consonância com demais autores doutrinários e juristas, conforme segue no texto.

2.1 Análise do Habeas Corpus 84.078

Primeiramente será objeto de análise o emblemático Habeas Corpus 84.078. Esse HC refere-se a um processo em que Omar Vitor Coelho foi condenado por homicídio privilegiado e foi requerida sua prisão preventiva pelo Ministério Público. A prisão foi requerida com base no seguinte argumento:

---

[57] MOUZALAS, R.; NETO, J.O.T; MADRUGA, E. *Processo Civil volume único.* JusPodivm: Salvador. 2016. p. 620.
[58]STF. Habeas Corpus n. 152.752. Relator: Min. Edson Fachin. Paraná, DJ: 02/02/2018. *STF,* 2018. Disponível em: <http://portal.stf.jus.br/processos/detalhe.asp?incidente=5346092> Acesso em: 02 Set. 2019.

Renomado produtor de leite nas paragens da Comarca de Passos, dispondo de invejável plantel que repentinamente colocou à venda, ajustando leilão para o próximo dia 22/09/2001, onde propõe a 'Liquidação Total do Rebanho Holandês', bem como de 'Máquinas Agrícolas e Equipamentos de Leite'"; daí que "... pelo vulto do patrimônio que está a disponibilizar, cotejado com o decreto condenatório confirmado em segundo grau de jurisdição, está ele a demonstrar seu intento de se fazer furtar da aplicação da lei penal, mobilizando seu patrimônio de forma a facilitar sua evasão.[59]

Segundo o relator Eros Grau, sequer deveria ser objeto da discussão a execução prematura da sentença condenatória, porque esta é manifestamente inconstitucional já que afeta o princípio da presunção da inocência. A discussão se coadunou em torno da legalidade da manutenção da prisão preventiva pelos motivos acima apresentados.

Embora exista um artigo no Código de Processo Penal que estabeleça que, restando apenas a possibilidade de interposição de recurso extraordinário, os autos podem descer à primeira instância para a execução da sentença, já em 2009, neste julgamento, o relator informou que em razão do requisito temporal e material, a Lei n. 7.210/84 se sobrepunha ao art. 637 do CPP, reafirmando que a sentença só poderia ser executada após o trânsito em julgado[60].

Além disso, os princípios fundamentais, por se tratar de normas constitucionais, são primadas em detrimento das demais normas, conforme afirma Agra:

São os princípios mais importantes do ordenamento jurídico porque formam a base da Constituição. (...) eles têm a mesma natureza das demais normas jurídicas, com o mesmo tipo de

---

[59] STF. Habeas Corpus n. 84.078. Relator: Min. Eros Grau. Minas Gerais, DJ: 05/02/2009. *STF*, 2009. p. 30. Disponível em: <http://redir.stf.jus.br/paginadorpub/paginador.jsp?docTP=AC&docID=60853 1>. Acesso em: 02 Set. 2019.
[60] STF. Habeas Corpus n. 84.078. Relator: Min. Eros Grau. Minas Gerais, DJ: 05/02/2009. *STF*, 2009. p. 1 Disponível em: <http://redir.stf.jus.br/paginadorpub/paginador.jsp?docTP=AC&docID=60853 1>. Acesso em: 02 Set. 2019.

eficácia, apresentando a peculiaridade de servir com mais intensidade como instrumento hermenêutico na interpretação do sistema jurídico, com uma função semelhante à desempenhada pelo preâmbulo constitucional. São considerados fundamentais porque dentro do sistema constitucional funcionam como estruturas para a integração das normas. Exercem a função de ligação entre os dispositivos da Lei Maior, com o escopo de aumentarem a eficácia do sistema[61].

Foi frisado também que seu voto seria consonante com os julgamentos que vinham sendo apresentados pela Turma da Corte, ao passo que, até para a execução das penas restritivas de direito, era necessário o trânsito em julgado do processo. Em reforço ao que foi dito, citou a ementa:

> AÇÃO PENAL. Sentença condenatória. Pena privativa de liberdade. Substituição por pena restritiva de direito. Decisão impugnada mediante agravo de instrumento, pendente de julgamento. Execução provisória. Inadmissibilidade. Ilegalidade caracterizada. Ofensa ao art. 5º, LVII, da CF e ao art. 147 da LEP. HC deferido. Precedentes. Pena restritiva de direitos só pode ser executada após o trânsito em julgado da sentença que a impôs.[62]

Salientou ainda que, em caso de aceitar a prisão provisória sem a devida pertinência (nos casos estritamente estabelecidos em lei), implicaria também em desrespeito ao princípio da igualdade, ao passo que outros em mesma situação não seriam presos provisoriamente, ou seja, antes do trânsito em julgado, já que esta não é a regra.

O posicionamento do relator já citado era tão veemente que usou as seguintes palavras na decisão: "quem lê o texto constitucional em juízo perfeito sabe que a Constituição assegura que nem a lei, nem qualquer decisão judicial imponham

---

[61] AGRA, Walber de Moura. *Curso de Direito Constitucional*. 4. ed. Rio de Janeiro: Forense, 2008. p. 93.

[62] STF. Habeas Corpus n. 88.413. Relator: Min. Cezar Peluso. Minas Gerais, DJ: 09/06/2006. *STF*, 2006. Disponível em: <https://stf.jusbrasil.com.br/jurisprudencia/14732342/habeas-corpus-hc-88413-mg/inteiro-teor-103118465?ref=juris-tabs> Acesso em: 02 Set. 2019.

ao réu alguma sanção antes do trânsito em julgado da sentença penal condenatória."[63]

Os tipos de prisão provisória aceitos pelo Código de Processo Penal antes do trânsito em julgado da pena são: prisão em flagrante, prisão temporária e prisão preventiva. Com o fito de no próximo capítulo averiguar a congruência nos julgamentos proferidos pelo STF no sentido de permitir a prisão antes do trânsito em julgado, faz-se necessário definir esses três tipos de prisões sem grande profundidade, já que o âmbito de alcance deste escrito é delimitado pela seara constitucional.

A prisão em flagrante é definida no artigo 302 do Código de Processo Penal da seguinte forma:

> Art. 302. Considera-se em flagrante delito quem:
>
> I - está cometendo a infração penal;
>
> II - acaba de cometê-la;
>
> III - é perseguido, logo após, pela autoridade, pelo ofendido ou por qualquer pessoa, em situação que faça presumir ser autor da infração;
>
> IV - é encontrado, logo depois, com instrumentos, armas, objetos ou papéis que façam presumir ser ele autor da infração.[64]

Aury Lopes Júnior se socorre de outros autores para explicar a ideia do flagrante:

> Como explica CARNELUTTI 35, a noção de flagrância está diretamente relacionada a " la llama, que denota con certeza la combustión; cuando se ve la llama, es indudable que alguna cosa arde". Essa chama, que denota com certeza a existência de uma

---

[63] STF. Habeas Corpus n. 84.078. Relator: Min. Eros Grau. Minas Gerais, DJ: 05/02/2009.   *STF,*   2009.   Disponível   em: <http://redir.stf.jus.br/paginadorpub/paginador.jsp?docTP=AC&docID=60853 1>. Acesso em: 02 Set. 2019.

[64] BRASIL. *Código de Processo Penal. Decreto lei nº 3.689, de 03 de outubro de 1941.* Brasília, 1941. Disponível em: <http://www.planalto.gov.br/ccivil_03/decreto-lei/del3689compilado.htm>. Acesso em: 02 Set. 2019.

combustão, coincide com a possibilidade para uma pessoa de comprová-lo mediante a prova direta. Como sintetiza o mestre italiano: a flagrância não é outra coisa que a visibilidade do delito 36. Na mesma linha é a advertência de CORDERO 37, no sentido de que o flagrante traz à mente a ideia de coisas percebidas enquanto ocorrem; no particípio, capta a sincronia fato-percepção, como uma qualidade do primeiro [...] Precisamente porque o flagrante é uma medida precária, mera detenção, que não está dirigida a garantir o resultado final do processo, é que pode ser praticado por um particular ou pela autoridade policial.[65]

A prisão temporária possui Lei própria que a institui, a Lei nº 7.960/89. É certo que esta lei amplifica as possibilidades de prisão antes mesmo do percurso natural do processo, ao passo que conta com um grande rol de possibilidades que permitem a discricionariedade do intérprete, como o inciso I do artigo 1º, mas ainda assim trata tais hipóteses como exceções. Vejamos:

> Art. 1º Caberá prisão temporária:
>
> I - quando imprescindível para as investigações do inquérito policial;
>
> II - quando o indicado não tiver residência fixa ou não fornecer elementos necessários ao esclarecimento de sua identidade;
>
> III - quando houver fundadas razões, de acordo com qualquer prova admitida na legislação penal, de autoria ou participação do indiciado nos seguintes crimes:
>
> a) homicídio doloso;
>
> b) seqüestro ou cárcere privado;
>
> c) roubo;
>
> d) extorsão;
>
> e) extorsão mediante seqüestro;
>
> f) estupro;
>
> g) atentado violento ao pudor;
>
> h) rapto violento;

---

[65] LOPES JR, Aury. *Prisões cautelares*. São Paulo: Saraiva, 2017. p. 33.

i) epidemia com resultado de morte;

j) envenenamento de água potável ou substância alimentícia ou medicinal qualificado pela morte;

l) quadrilha ou bando, todos do Código Penal;

m) genocídio, em qualquer de suas formas típicas;

n) tráfico de drogas;

o) crimes contra o sistema financeiro;

p) crimes previstos na Lei de Terrorismo.[66]

Conceituando a prisão em flagrante, assim manifesta-se a doutrina de Tourinho Filho: "prisão em flagrante é, assim, a prisão daquele que é surpreendido no instante mesmo da consumação da infração penal[67].

Já a prisão preventiva encontra respaldo no artigo 312 do Código de Processo Penal e possui como requisitos: "a garantia da ordem pública, da ordem econômica, por conveniência da instrução criminal, ou para assegurar a aplicação da lei penal, quando houver prova da existência do crime e indício suficiente de autoria."[68]

Essas exceções à prisão antes do trânsito em julgado perduram até os dias atuais. Conforme já explicado, no caso do Habeas Corpus 84.078, segundo a tese do Supremo, não havia pressupostos para o encarceramento antes do trânsito em julgado.

Ressalta o relator Eros Grau que, ainda que restasse apenas recurso de natureza extraordinária como percurso processual,

---

[66] BRASIL. *Lei nº 7.960, de 21 de dezembro de 1989*. Brasília, 1989. Disponível em:<http://www.planalto.gov.br/ccivil_03/leis/L7960.htm>. Acesso em: 02 Set. 2019.
[67] TOURINHO FILHO, Fernando da Costa. *Processo Penal*. 20ª ed. São Paulo: Saraiva, 1998. p. 420.
[68] BRASIL. *Código de Processo Penal. Decreto lei nº 3.689, de 03 de outubro de 1941*. Brasília, 1941. Disponível em: <http://www.planalto.gov.br/ccivil_03/decreto-lei/del3689compilado.htm>. Acesso em: 02 Set. 2019.

seria impossível executar a sentença de forma antecipada ao passo que implicaria, além da violação de outros princípios já citados, na mitigação do direito de defesa. Pondera a base do direito penal e do processo penal em relação à visão garantista e, basicamente, leciona no próprio julgado sobre a doutrina que embasa essas áreas do conhecimento jurídico, fundamentando e motivando o erro dos demais juristas em requerer a prisão antecipada naquelas condições[69].

Ainda corroborando com a tese garantista, explica que esse punitivismo desenfreado e contra a própria lei, confunde-se com a vingança privada, tendo em vista a ausência de motivação para a prisão. Inclusive, frisa-se aqui uma passagem do julgado que guarda relação com o Habeas Corpus 152.752, na qual o relator diz expressamente que o juiz, dotado do conhecimento jurídico, tem por obrigação abstrair-se das pressões geradas pelos meios de comunicação social, falta de compreensão, no sentido original da palavra, da sua própria classe e "apontar as inconstitucionalidades e impropriedades contidas na Lei 8.02/90."[70]

Uma passagem do relator sobre o ofício do próprio STF, sobre a correta aplicabilidade e uso da estrita técnica do direito penal e processual que é de grande importância citar no presente escrito, por ser o posicionamento da presente tese, é a seguinte:

> Em certos momentos a violência integra-se ao cotidiano da nossa sociedade. E isso de modo a negar a tese do homem cordial que habitaria a individualidade dos brasileiros. Nesses momentos a imprensa lincha, em tribunal de exceção erigido sobre a premissa de que todos são culpados até prova em contrário, exatamente o inverso do que a Constituição assevera. É bom que estejamos bem atentos, nesta Corte, em especial nos momentos de desvario, nos quais as massas despontam na busca, atônita, de uma ética --

---

[69] STF. Habeas Corpus n. 84.078. Relator: Min. Eros Grau. Minas Gerais, DJ: 05/02/2009. *STF*, 2009. p. 11. Disponível em: <http://redir.stf.jus.br/paginadorpub/paginador.jsp?docTP=AC&docID=60853 1>. Acesso em: 02 Set. 2019.

[70] STF. Habeas Corpus n. 84.078. Relator: Min. Eros Grau. Minas Gerais, DJ: 05/02/2009. *STF*, 2009. p. 13. Disponível em: <http://redir.stf.jus.br/paginadorpub/paginador.jsp?docTP=AC&docID=60853 1>. Acesso em: 02 Set. 2019.

qualquer ética - - — o que irremediavelmente nos conduz ao "olho por olho, dente por dente" . Isso nos incumbe impedir, no exercício da prudência do direito, para que prevaleça contra qualquer outra, momentânea, incendiária, ocasional, a força normativa da Constituição. Sobretudo nos momentos de exaltação. Para isso fomos feitos, para tanto aqui estamos[71].

Posicionou-se, ainda, o relator desse HC contra o posicionamento do ministro Marco Aurélio, ao passo que este afirmava que a antecipação do cumprimento da pena não implicava em desrespeito ao princípio da presunção da inocência. Em contraponto ao que disse Marco Aurélio, Eros Grau deixou claro que o princípio estava completamente explícito no texto constitucional "em todas as suas letras", portanto, indiscutivelmente seria impossível de haver essa relativização[72].

O ministro relator ainda mencionou que, mesmo que a parte ingressasse com recurso especial ou recurso extraordinário sem argumentos válidos, com o único fito de ganhar tempo para haver a prescrição do processo, não poderia o judiciário deixar de apreciar o pedido. Vivemos em uma República Democrática de Direito e toda e qualquer pessoa, independentemente de ter cometido crime, goza das garantias constitucionais e processuais.

Outro voto válido de ressaltar que corrobora e serve de sustentáculo para a presente tese é o voto do ministro Celso de Melo, que acompanhou o relator Eros Grau, afirmando que o fato de sustentar e defender a literalidade da lei do artigo 5°, inciso LVII não significava que o pleno do STF inviabilizava a proteção, defesa e segurança dos cidadãos, já que o caso

---

[71] STF. Habeas Corpus n. 84.078. Relator: Min. Eros Grau. Minas Gerais, DJ: 05/02/2009. *STF*, 2009. p. 14. Disponível em: <http://redir.stf.jus.br/paginadorpub/paginador.jsp?docTP=AC&docID=608531>. Acesso em: 02 Set. 2019.

[72] STF. Habeas Corpus n. 84.078. Relator: Min. Eros Grau. Minas Gerais, DJ: 05/02/2009. *STF*, 2009. p. 15. Disponível em: <http://redir.stf.jus.br/paginadorpub/paginador.jsp?docTP=AC&docID=608531>. Acesso em: 02 Set. 2019.

concreto era sempre analisado e sopesado. O que jamais poderia haver, ao menos até à época, seria a execução da prisão sem o correto preenchimento dos requisitos, importando em grave violação aos direitos humanos e ceifando o segundo bem mais importante para qualquer indivíduo: a liberdade.

Na ocasião deste HC, que propiciou essa ampla discussão, votaram contra a prisão após a condenação somente em segunda instância: Carlos Ayres Britto, Celso de Mello, Cezar Peluso, Eros Grau, Gilmar Mendes, Marco Aurélio, Ricardo Lewandowski. Votaram a favor da prisão após a condenação em segunda instância: Cármen Lúcia, Ellen Gracie, Joaquim Barbosa, Menezes Direito.

Sobre os ministros que votaram a favor da prisão em segunda instância, suas teses circundam a argumentação que limitar a prisão para tão somente após o trânsito em julgado geraria um estado de impunidade, já que, aos seus olhos, são cabíveis inúmeros recursos, fator que desaguaria na prescrição. Sobre esses argumentos, nos quais os relatores sustentam que todo o trâmite do processo pode durar mais de cinco anos e prescrever, questiono de forma retórica se a problemática não está na operacionalização jurídica do próprio aparelho estatal. O processo penal foi previsto para ser respeitado e cumprido em tempo hábil, tanto para segurança do acusado quanto para a segurança da população. Mas se isto não acontece, qual a fundamentação para executar uma pena sem a existência de um processo penal condenatório transitado em julgado?

2.2 Análise do Habeas Corpus 126.292

Posteriormente, em fevereiro de 2016 houve o julgamento do Habeas Corpus 126.292, tendo como relator o Ministro Teori Zavascki, que trouxe à tona, sete anos após a primeira discussão sobre o tema, mudança de posicionamentos. O caso em apreço, desta vez, tratava-se de paciente condenado à pena de reclusão em regime inicialmente fechado de 5 anos e 4 meses, em razão do crime de roubo. O Tribunal de Justiça de São Paulo reverteu a possibilidade de o réu permanecer em liberdade durante o andamento do processo e a defesa, inconformada, impetrou o Habeas Corpus perante o Superior Tribunal de Justiça. A defesa alegou o que se segue:

> a ocorrência de flagrante constrangimento ilegal a ensejar a superação da Súmula 691/STF; (b) que o Tribunal de Justiça local determinou a imediata segregação do paciente, sem qualquer motivação acerca da necessidade de decretação da prisão preventiva; (c) que a prisão foi determinada "após um ano e meio da prolação da sentença condenatória e mais de três anos após o paciente ter sido posto em liberdade, sem que se verificasse qualquer fato novo" e, ainda, "sem que a decisão condenatória tenha transitado em julgado"; (d) a prisão do paciente não prescinde, nos termos da jurisprudência do Supremo Tribunal Federal, do trânsito em julgado da condenação. Requer, por fim, a concessão da ordem com o reconhecimento do direito do paciente de recorrer em liberdade.[73]

O relator do referido HC de pronto recordou a discussão ocorrida em 2009, lembrando e frisando que a discussão redunda entre o princípio da presunção da inocência e a segurança para a sociedade. O ponto mais curioso desse HC é que, apesar de a discussão mais recente acerca do assunto ter ocorrido em 2009, o relator a todo instante socorreu-se do julgado HC 72.366/SP (Rel. Min. Néri da Silveira, DJ 26/1/1999), dando os contornos pela não aceitação do aguardo do trânsito em julgado para efetuar a prisão. Nos termos deste julgamento, a condenação, ainda que apenas por meio de sentença, já representaria forte indicativo da culpabilidade[74].

Salientou julgados que retratavam que o princípio da

---

[73] STF. Habeas Corpus n. 126.292. Relator: Min. Teori Zavascki. São Paulo, DJ: 07/02/2017. *STF*, 2017. p. 3. Disponível em: <http://portal.stf.jus.br/processos/detalhe.asp?incidente=4697570>. Acesso em: 02 Set. 2019.

[74] STF. Habeas Corpus n. 126.292. Relator: Min. Teori Zavascki. São Paulo, DJ: 07/02/2017. *STF*, 2017. p. 2-3. Disponível em: <http://portal.stf.jus.br/processos/detalhe.asp?incidente=4697570>. Acesso em: 02 Set. 2019.

presunção da inocência não impossibilitava a prisão antes do trânsito em julgado, mesmo a literalidade da lei sendo totalmente oposta a esta afirmação. Sempre citavam como argumento o fato de o Recurso Extraordinário e o Recurso Especial serem recursos sem efeito suspensivo.

Teori Zavascki afirmou o seguinte:

> A eventual condenação representa, por certo, um juízo de culpabilidade, que deve decorrer da logicidade extraída dos elementos de prova produzidos em regime de contraditório no curso da ação penal. Para o sentenciante de primeiro grau, fica superada a presunção de inocência por um juízo de culpa – pressuposto inafastável para condenação –, embora não definitivo, já que sujeito, se houver recurso, à revisão por Tribunal de hierarquia imediatamente superior.[75]

Mas se no posicionamento do próprio STF, as instâncias acima da primeira são apenas instâncias revisoras, minimizando a possibilidade de reanálise, retirando a importância, ao passo que salienta que já na sentença fica superada a presunção da inocência, como se não houvesse possibilidade de mudança, qual seria a serventia das instâncias superiores?

Rinaldo Mouzalas, João Otávio Terceiro Neto e Eduardo Madruga prelecionam que mesmo o recurso extraordinário servindo para discutir matérias de direito relacionadas à violação à Constituição, pode mudar o curso do julgamento.[76]

E continua a argumentação do relator:

> É ali que se concretiza, em seu sentido genuíno, o duplo grau de jurisdição, destinado ao reexame de decisão judicial em sua inteireza, mediante ampla devolutividade da matéria deduzida na ação penal, tenha ela sido apreciada ou não pelo juízo a quo. Ao réu fica assegurado o direito de acesso, em liberdade, a esse juízo

---

[75] STF. Habeas Corpus n. 126.292. Relator: Min. Teori Zavascki. São Paulo, DJ: 07/02/2017. *STF*, 2017. p. 9. Disponível em: <http://portal.stf.jus.br/processos/detalhe.asp?incidente=4697570>. Acesso em: 02 Set. 2019.

[76] MOUZALAS, R.; NETO, J.O.T; MADRUGA, E. *Processo Civil volume único*. JusPodivm: Salvador. 2016. P. 1187-8.

de segundo grau, respeitadas as prisões cautelares porventura decretadas. Ressalvada a estreita via da revisão criminal, é, portanto, no âmbito das instâncias ordinárias que se exaure a possibilidade de exame de fatos e provas e, sob esse aspecto, a própria fixação da responsabilidade criminal do acusado. É dizer: os recursos de natureza extraordinária não configuram desdobramentos do duplo grau de jurisdição, porquanto não são recursos de ampla devolutividade, já que não se prestam ao debate da matéria fático-probatória. Noutras palavras, com o julgamento implementado pelo Tribunal de apelação, ocorre espécie de preclusão da matéria envolvendo os fatos da causa. Os recursos ainda cabíveis para instâncias extraordinárias do STJ e do STF – recurso especial e extraordinário – têm, como se sabe, âmbito de cognição estrito à matéria de direito. Nessas circunstâncias, tendo havido, em segundo grau, um juízo de incriminação do acusado, fundado em fatos e provas insuscetíveis de reexame pela instância extraordinária, parece inteiramente justificável a relativização e até mesmo a própria inversão, para o caso concreto, do princípio da presunção de inocência (grifei) até então observado.[77]

Frise-se bem que Zavascki falou expressamente em inversão do princípio da presunção da inocência, mesmo quando ainda pendente de recurso especial ou extraordinário, sem citar qualquer embasamento teórico. Não é porque esses dois recursos não podem discutir matérias fáticas que mudanças no tocante ao direito não refletiriam em alteração do julgamento do caso concreto. Mas, caso isto acontecesse, até o processamento desses recursos, como ficaria o ressarcimento pelo erro em tolher a liberdade de alguém que posteriormente, por uma reanálise do direito, na realidade deveria estar solto?

Gilmar Mendes, fez constar no voto: "para além disso, a garantia impede, de uma forma geral, o tratamento do réu como culpado até o trânsito em julgado da sentença. No entanto, a definição do que vem a se tratar como culpado depende de intermediação do legislador"[78]. É certo que o Ministro Gilmar

---

[77] STF. Habeas Corpus n. 126.292. Relator: Min. Teori Zavascki. São Paulo, DJ: 07/02/2017. *STF*, 2017. p. 9-10. Disponível em: <http://portal.stf.jus.br/processos/detalhe.asp?incidente=4697570>. Acesso em: 02 Set. 2019.

Mendes teve votos bastante polêmicos porque, conforme será demonstrado, mudou de justificativa por várias vezes ao longo dessa temática no julgamento dos HCs, mas, independentemente disso, deixou a cargo da intermediação do legislador, assumindo que a culpa não é facilmente definida.

Dessas afirmações, surge a dúvida de levantar questionamentos a saber qual a principiologia do próprio direito penal. Será mesmo que, sabendo da prevalência do direito penal mínimo, prontamente após a sentença o legislador pensou ser possível a execução da pena? Considerou o escrito no art. 5°, da CF, como cláusula pétrea? Essas questões serão discutidas de maneira profunda no próximo capítulo, mas espera-se do leitor uma inquietação momentânea sobre como se dará a possível interpretação. De pronto, surge outro questionamento: quem poderia dizer que ser preso sem ser considerado culpado é constitucional?

O relator ainda fez constar, exatamente com essas palavras, sobre possíveis erros de julgamento: "todavia, para essas eventualidades, sempre haverá outros mecanismos aptos a inibir consequências danosas para o condenado, suspendendo, se necessário, a execução provisória da pena."[79] Sem grande necessidade de interpretação, fica percebido que para o relator a solução é simples, basta suspender a pena e a solução para tamanha injustiça alcançada.

Ainda na discussão desse HC, que, por fim, culminou, por maioria dos votos, na aceitação pela prisão antes do trânsito em julgado propriamente dito, foram utilizados argumentos como a inaplicabilidade de normas em outros países que permitissem a liberdade, mesmo o processo estando em grau de recurso extraordinário, a morosidade e interposição desenfreada de

---

[78] STF. Habeas Corpus n. 126.292. Relator: Min. Teori Zavascki. São Paulo, DJ: 07/02/2017. *STF*, 2017. p. 10. Disponível em: <http://portal.stf.jus.br/processos/detalhe.asp?incidente=4697570>. Acesso em: 02 Set. 2019.

[79] STF. Habeas Corpus n. 126.292. Relator: Min. Teori Zavascki. São Paulo, DJ: 07/02/2017. *STF*, 2017. p. 19. Disponível em: <http://portal.stf.jus.br/processos/detalhe.asp?incidente=4697570>. Acesso em: 02 Set. 2019.

recursos, impunibilidade.

Vale salientar o voto da Ministra Rosa Weber, que neste Habeas Corpus votou contra a condenação após a prisão somente em segunda instância, e no Habeas Corpus que julgou a liberdade do ex-Presidente Lula votou a favor. A análise servirá como um comparativo para as razões de mudanças do voto.

No Habeas Corpus 126.292, Rosa Weber utilizou como argumento preponderante as decisões anteriores da Corte e, em razão disso, salientou o princípio da segurança jurídica. Acompanhou os votos de Marco Aurélio e Eros Grau, sob a perspectiva da interpretação literal da lei, sem ampliação dela *in pejus*, como desejavam os outros ministros na ocasião do julgamento, pois apesar de tratar de norma constitucional, possui natureza penal.

Ressaltou que em 2009 a Corte havia se debruçado com profundidade sobre a temática, sendo pertinente manter os argumentos proferidos pelo relator, à época. Caso a intepretação guardasse alguma fundamentação expressa na legislação, seria cabível oportunizar a redução do instituto, relativizando a questão do trânsito em julgado. Todavia, essa não é a realidade, toda legislação penal é protetiva, não fazendo sentido alterar para minimizar o termo trânsito em julgado. Neste sentido, expos:

> Há questões pragmáticas envolvidas, não tenho a menor dúvida, mas penso que o melhor caminho para solucioná-las não passa pela alteração, por esta Corte, de sua compreensão sobre o texto constitucional no aspecto. Não ouso, Senhor Presidente, no momento, repito, com todo o respeito, pedindo vênia ao eminente Relator e aos Ministros que o acompanharam, afastar os fundamentos antes lembrados para referendar a revisão da jurisprudência da Corte. Assim, forte no critério que expus como norte da minha atuação nesta Casa, divirjo para conceder a ordem.[80]

---

[80] STF. Habeas Corpus n. 126.292. Relator: Min. Teori Zavascki. São Paulo, DJ: 07/02/2017. *STF*, 2017. p. 57. Disponível em: <http://portal.stf.jus.br/processos/detalhe.asp?incidente=4697570>. Acesso em: 02 Set. 2019.

Corroborando com o posicionamento do presente escrito, saliento o posicionamento do Ministro Ricardo Lewandowski, que também compartilhava do pensamento de Eros Grau, ao passo que repisa que a presunção de culpabilidade, com todas as letras mencionadas pelo legislador, se mantém até o trânsito em julgado da sentença penal condenatória. Rebatendo o voto do relator Teori Zavaski, mencionou Lewandoski:

> Eu me recordo que, daquela feita, naquela oportunidade, o Ministro Eros Grau, com muita propriedade ao meu ver, disse que nem mesmo constelações de ordem prática - dizendo que ninguém mais vai ser preso, que os tribunais superiores vão ser inundados de recursos -, nem mesmo esses argumentos importantes, que dizem até com a efetividade da Justiça, podem ser evocados para ultrapassar esse princípio fundamental, esse postulado da presunção de inocência.[81]

O seu voto foi proferido com excelente respaldo teórico da professora Ada Pellegrini Grinover, o professor Antônio Magalhães Filho e o professor Antônio Scarance Fernandes. Estes são respeitados processualistas penais, os quais afirmavam com veemência que de acordo com o aparente antagonismo de normas entre o artigo 5º, inciso LVII da CF e o artigo 637 do CPP, deveria prevalecer aquele, ainda que fosse colocado em questão a problemática do manejo indiscriminado dos recursos.

Ainda ressaltou seu sentimento de perplexidade, muito pertinente para tal discussão, ao passo que a Corte havia discutido em sede de ADPF 347 e no RE 592.581, amplas problemáticas do sistema prisional brasileiro e do encarceramento, sem a possibilidade de enxergar, no contexto atual, pontos positivos desse sistema. Questiona-se qual o fundamento para, em vez de evitar ao máximo e possibilitar toda forma de defesa prevista, diante de um contexto prisional catastrófico, buscar o aprisionamento de forma antecipada?

---

[81] STF. Habeas Corpus n. 126.292. Relator: Min. Teori Zavascki. São Paulo, DJ: 07/02/2017. *STF*, 2017. p. 97. Disponível em: <http://portal.stf.jus.br/processos/detalhe.asp?incidente=4697570>. Acesso em: 02 Set. 2019.

Compartilho, não só do pensamento técnico de Lewandowski, mas também do senso crítico, ao passo que observa que as penas de roubo e furto são muito maiores do que a pena para quem comete crime de lesão corporal, afirmando a essência patrimonialista do nosso compilado legislativo. O espanto foi o posicionamento do ministro Marco Aurélio, após essa reflexão. Disse ele: "O SENHOR MINISTRO MARCO AURÉLIO – Mas o Estado está muito bem financeiramente, poderá indenizar o inocente colocado, por erro Judiciário, atrás das grades."[82]

Apesar de haver previsão de indenização em casos de prisão indevida, o apenado não é compensado exatamente porque essa prisão indevida reflete em uma questão psicológica, humana, reflete também em uma questão de imagem perante a sociedade que dificilmente será esquecida. Tanto é verídica essa questão do estigma para com o apenado que o instituto da ressocialização é completamente fracassado.

2.3 Análise do Habeas Corpus 152.752

Finalmente, chega-se à análise do acórdão do Habeas Corpus 152.752, que julgou a possibilidade de o ex-Presidente Lula recorrer em liberdade ou não, sem que tivesse havido o trânsito em julgado da sentença penal. O acórdão teve como relator o ministro Edson Fachin, que decidiu por informar que manteria os precedentes do citado acórdão julgado em 2016.

Já adianto que, pela longevidade e extensão da discussão, ressaltar-se-ão aspectos importantes, sem esgotar os votos em sua inteireza. Acerca da discussão sobre a permissão da prisão antes do trânsito em julgado do processo, votaram: Marco Aurélio- contra, Celso de Mello- contra, Ricardo Lewandowski –

---

[82] STF. Habeas Corpus n. 126.292. Relator: Min. Teori Zavascki. São Paulo, DJ: 07/02/2017. *STF*, 2017. p. 103. Disponível em: <http://portal.stf.jus.br/processos/detalhe.asp?incidente=4697570>. Acesso em: 02 Set. 2019.

contra, Carmen Lúcia – a favor, Luiz Fux – a favor, Luis Roberto Barroso - a favor, Edson Fachin – a favor, Alexandre de Moraes – a favor, Dias Toffoli – contra, Gilmar Mendes - contra, Rosa Weber – a favor.

O primeiro voto a ser destacado pela presente tese é o voto do ministro Gilmar Mendes. Recapitulando, este, em 2009 votou contra, em 2016 votou a favor e em 2018, no caso do Habeas Corpus 152.752 votou contra novamente a prisão antes do trânsito em julgado.

Inicia seu voto relatando que em tempos anteriores a Corte considerava a estrita aplicação do CPP, ao não considerar que o acusado deveria permanecer em liberdade durante todo o processo, já que os recursos extraordinário e especial e os recursos deles derivados não possuíam efeito suspensivo. Relembra o histórico contraditório dos posicionamentos emanados dos membros do Supremo Tribunal Federal, ao passo que em 2009 ficou sedimentado ser proibida a prisão antes do trânsito em julgado da pena, a não ser em caráter cautelar. Em 2016, decidiram que a execução provisória da pena não infringia o princípio da presunção da inocência.

Nessa mesma ocasião, ficou então, sedimentada a possibilidade, portanto, da não obrigatoriedade da execução provisória da pena que dependia do preenchimento das condições de prisão em caráter provisório. O ponto em que o ministro Gilmar Mendes reconhece sua mudança de opinião do tema está nos seus dizeres:

> Contudo, penso que a conclusão daquele julgamento no HC 126.292, na linha da argumentação que desenvolvi, poderia ter sido outra. Explico: analisadas diversas situações concretas resultantes daquele julgado, em que tribunais, automaticamente, passaram a determinar a antecipação da execução da pena, verifiquei, e acredito que todos os meus pares também, a ocorrência de encarceramentos precoces, indevidos, em razão de reforma posterior da condenação pelo STJ. São situações em que, iniciada a execução antecipada da pena a partir do julgamento de segunda instância, esta vem a ser, em recurso especial ou habeas corpus, reduzida com mudança de regime (para o aberto), ou suplantada pela absolvição ou pela extinção da punibilidade pelo Superior

Tribunal de Justiça.[83]

Com essa passagem, resta clara a possibilidade de mudança drástica em um julgamento. Drástica porque, ao recurso subir para o STJ, pode haver mudança de regime, mudança de aceitabilidade processual do Habeas Corpus, que infirmam na possibilidade de o indivíduo não vir a ter sua liberdade tolhida. Diante disso, são falhas, então, as teses dos ministros que afirmaram acima que seria indiferente para o caso concreto a análise pelo STF ou STJ.

Inclusive, Gilmar Mendes fez questão de citar casos em que de fato isso ocorreu, demonstrados na íntegra abaixo, por razão de estrutura do trabalho. Eles serão demonstrados em oposição a julgamentos que afirmaram que não havia prejuízo ao réu em executar a prisão mesmo que estivesse sendo processado recurso perante o STJ.

E continua corrigindo a sua tese de 2016:

> Por essa razão, essas prisões automáticas em segundo grau, que depois se mostraram indevidas, fizeram-me repensar aquela conclusão a que se chegou no HC 126.292. E, tudo poderia ter sido diferente se mudássemos tão somente o marco a partir do qual deveria ser iniciado o cumprimento da pena.[84]

Percebe-se nessas palavras o real fundamento constitucionalista da proteção aos direitos garantidos de forma mais incisiva pelo art. 5º, CF. Nota-se a real gravidade em tomar erroneamente medidas que venham a retirar do indivíduo um dos bens mais preciosos, assim consagrado pela Constituição

---

[83] STF. Habeas Corpus n. 152.752. Relator: Min. Edson Fachin. Paraná, DJ: 02/02/2018. *STF*, 2018. p. 110. Disponível em: <http://portal.stf.jus.br/processos/detalhe.asp?incidente=5346092> Acesso em: 02 Set. 2019.

[84] STF. Habeas Corpus n. 152.752. Relator: Min. Edson Fachin. Paraná, DJ: 02/02/2018. *STF*, 2018. p. 112. Disponível em: <http://portal.stf.jus.br/processos/detalhe.asp?incidente=5346092> Acesso em: 02 Set. 2019.

Federal: a liberdade. É muito importante relembrar tamanha proteção porque, outrora, Marco Aurélio tratou como se fosse uma questão de contraprestação indenizatória, minimizando os efeitos da prisão, do encarceramento.

A prisão, segundo Michel Foucault, não nasceu para corrigir o indivíduo. Ela nasceu como um sinônimo de dor, de sofrimento, de angústia, de violência psicológica, como forma de controlar e vigiar o indivíduo. Tanto o é que em sua obra *"Vigiar e Punir"*[85] é dito que os resquícios e traumas de quem teve em algum momento a sua liberdade tolhida através do encarceramento o acompanham por muito tempo ou para sempre.

Isso ocorre porque essa era a intenção das pessoas que pensaram a prisão em um primeiro momento, ainda que hoje exista o viés de ressocialização. E este último, na realidade, ainda segundo o autor, é uma forma de demonstrar para a sociedade algum benefício para o indivíduo aprisionado, mas não que, na realidade, se efetive a ressocialização.

Dada essa breve explanação sobre o encarceramento, necessária à conclusão do presente trabalho, prossiga-se com a análise do voto de Gilmar Mendes. Ele, por pesar, de acordo com casos reais, a possibilidade de reflexos sólidos e mudanças drásticas nos julgamentos de casos concretos, passou a seguir a literalidade do art. 5º inciso LVII, da Constituição Federal quando do recebimento de HCs, todavia, ressaltando que este princípio não é absoluto, como qualquer outro.

Tão concreto foi em demonstrar a possibilidade de mudança do julgamento não apenas de forma abstrata pelo STJ, que citou a interferência direta de seus julgamentos em relação à "tipicidade, antijuridicidade ou culpabilidade do agente, alcançando inclusive a dosimetria da pena."[86] Todavia, não abriu

---

85 Comentários: trata-se de uma ideia geral da obra em sua completude. Cf. FOUCAULT, Michel. *Vigiar e Punir: nascimento da prisão.* Trad. Lígia M. Ponde Vassalo. Petrópolis: Vozes, 1987.
86 STF. Habeas Corpus n. 152.752. Relator: Min. Edson Fachin. Paraná, DJ: 02/02/2018. *STF,* 2018. p. 113. Disponível em: <http://portal.stf.jus.br/processos/detalhe.asp?incidente=5346092>. Acesso em:

seu posicionamento no caso de Recurso Extraordinário, ao alegar que incorreria em mora a ponto de desencadear a impunidade e que o segredo para a solução correta seria o não radicalismo e a harmonia, aceitando tais condições apenas para o Recurso Especial.

Não é desta maneira que entende o presente escrito, conforme será explicado no próximo capítulo. Preceitua ainda, Gilmar Mendes, seu apreço pela adoção do sistema francês de execução da pena, como forma de tentar solucionar a problemática da insegurança da prisão antecipada. Neste modelo, o trânsito em julgado é formado de forma gradual, de acordo com a possibilidade de recursos que ainda podem ser apresentados e de acordo com a falibilidade das provas apresentadas. Ressalte-se, todavia, que esta visão de trânsito em julgado não é a adotada pelo processo civil brasileiro.

Deste voto, ainda é preciso mencionar que a presente tese não condiz com o que relata o eminente ministro sobre a ordem pública. É sabido que, para a motivação da prisão em caráter antecipado são necessários requisitos, dentre estes, a manutenção da ordem pública. É certo que, conforme entendimento do ministro, esse termo traz consigo muitas incertezas jurídicas doutrinárias e técnicas.

Todavia, afirma o membro que, de acordo com Fabbrini Mirabete, a segurança jurídica guarda relação com a gravidade do crime cometido. Este escrito, todavia, adota o pensamento crítico de que o termo "ordem pública" atualmente tem servido como maneira de banalizar a prisão preventiva, porque muitas vezes, mesmo a acusação tipificando a conduta de um crime gravoso, não há indícios suficientemente fortes para julgamento completo. Desta feita, acredita-se que para que este termo viesse a interferir na possibilidade de prisão, deveria haver menor margem de discricionariedade para que o magistrado decidisse pela prisão antecipada ou não.[87]

---

02 Set. 2019.

[87] CUELLO, Jesica Carolina. *A banalização da prisão preventiva: crítica à garantia da "ordem pública" enquanto fundamentação para decretação do cárcere cautelar*. 2016.

Todavia, o ministro Gilmar Mendes faz referência à maior crítica do presente escrito às decisões do STF:

> O STF, como se sabe, tem repelido, de forma reiterada e enfática, a prisão preventiva baseada apenas na gravidade do delito, na comoção social ou em eventual indignação popular dele decorrente. O clamor das ruas não deve orientar as decisões judiciais.[88]

Disse Gilmar Mendes que os ministros não vêm cedendo à pressão popular. Ao passo que relata isto, o ministro Luís Roberto Barroso discute com os demais ministros:

> Alguém condenado em segundo grau por roubo, ou por estelionato, ou - como se considera que, no Brasil, não são crimes violentos - corrupção ativa, corrupção passiva, peculato, lavagem, fraude em licitação, nada disso é crime violento, é esse o povo que se quer colocar na rua, para deixar o lugar ocupado pelos meninos da maconha. Esses crimes são considerados não violentos que não justificam a prisão preventiva, e aí o sujeito que roubou 100 milhões frequenta os mesmos restaurantes de gente que passou o dia trabalhando. Se alguém acha que não viola um sentimento mínimo de justiça uma situação como essa, as pessoas podem ter, evidentemente, noções diferentes do que seja Justiça. Portanto um dos fundamentos para a prisão preventiva previsto no artigo 312 é a garantia da ordem pública. E eu considero que a credibilidade da Justiça integra o conceito de ordem pública que deve ser adotado. A demora na aplicação indefinida de sanções proporcionais abala o sentimento de justiça da sociedade e compromete a respeitabilidade das instituições judiciais.[89]

Disponível em: <http://repositorio.furg.br/handle/1/7315#targetText=Resumo%3A,previstos%20na%20legisla%C3%A7%C3%A3o%20processual%20penal.>. Acesso em: 02 set. 2019.

[88] STF. Habeas Corpus n. 152.752. Relator: Min. Edson Fachin. Paraná, DJ: 02/02/2018. *STF*, 2018. p. 124. Disponível em: <http://portal.stf.jus.br/processos/detalhe.asp?incidente=5346092> Acesso em: 02 Set. 2019.

[89] STF. Habeas Corpus n. 152.752. Relator: Min. Edson Fachin. Paraná, DJ: 02/02/2018. *STF*, 2018. p. 178. Disponível em: <http://portal.stf.jus.br/processos/detalhe.asp?incidente=5346092> Acesso em: 02 Set. 2019.

Leia-se com atenção essa passagem do ministro Barroso que, em suas próprias palavras, é o terceiro argumento jurídico que, ao seu ver, é insuperável, para considerar viável a prisão antes do trânsito em julgado.[90] Ele afirma que o sentimento de injustiça paira no ar perante a sociedade porque estão soltas pessoas que cometem crimes não violentos como - corrupção passiva, peculato, lavagem, fraude em licitação, enquanto os meninos da maconha estão presos. É certo que a população pode ter o relatado sentimento de injustiça. O que, segundo Gilmar Mendes, não pode ocorrer, é que um ministro do STF utilize como fundamentação para seu voto sobre um tema de repercussão para o país inteiro, o sentimento de injustiça da população em relação a tratamentos discrepantes dados pelo judiciário em razão de crimes diferentes[91].

Maior equívoco foi utilizar esse sentimento de injustiça social e enquadrá-lo como "garantia da ordem pública", ao passo que afirmou que a crença das pessoas na justiça integraria o conceito mencionado acima. Se assim o fosse, voltaríamos ao sistema inquisitorial. Caso os julgamentos dependessem do sentimento popular, o sistema punitivista de aberrações grotescas, como trata o primeiro capítulo do livro *"Vigiar e Punir"* de Foucault (que voltariam a vigorar)[92]. Questiono em forma de pergunta retórica: se isso ocorresse, para que serviria o poder judiciário?

Ainda nos dizeres do ministro Barroso, "sistema penal brasileiro frustra o principal papel do Direito Penal, que é o de

---

[90] STF. Habeas Corpus n. 152.752. Relator: Min. Edson Fachin. Paraná, DJ: 02/02/2018. *STF*, 2018. p. 178. Disponível em: <http://portal.stf.jus.br/processos/detalhe.asp?incidente=5346092> Acesso em: 02 Set. 2019.

[91] STF. Habeas Corpus n. 126.292. Relator: Min. Teori Zavascki. São Paulo, DJ: 07/02/2017. *STF*, 2017. p. 124. Disponível em: <http://portal.stf.jus.br/processos/detalhe.asp?incidente=4697570>. Acesso em: 02 Set. 2019.

[92] Comentários: trata-se de uma ideia geral da obra em sua completude. Cf. FOUCAULT, Michel. *Vigiar e Punir: nascimento da prisão*. Trad. Lígia M. Ponde Vassalo. Petrópolis: Vozes, 1987.

prevenção geral, as pessoas não delinquirem pelo temor de que lhes aconteça alguma coisa negativa. Este papel o Direito Penal não desempenha no Brasil."[93] Conforme dito por Gilmar Mendes, o sistema penal brasileiro é completamente falido, sem contar que, qualquer homem médio sabe que o sistema prisional sequer garante o mínimo de direitos humanos necessários à sobrevivência de um indivíduo: higiene, alimentação, integridade física. Como afirmar que a sociedade não tem temor de estar num lugar assim?

Afirma, ainda, de forma totalmente antagônica ao que atestou Gilmar Mendes:

> E, portanto, apesar das mudanças, apesar da sociedade brasileira mobilizada, essas pessoas ainda não se deram conta de que a gente precisa de um outro país, e que a gente está vivendo um momento de refundação, e que nós vamos frustrar a sociedade brasileira se nós dissermos que o modelo antigo é que bom.[94]

Saliento, novamente, as palavras de Gilmar Mendes já referenciadas acima, nas quais resta claro que, apesar de a sociedade brasileira se mobilizar, como relatou Barroso, na ocasião de julgamentos, principalmente no âmbito penal, sua opinião não deve ser levada em consideração. Um julgamento de um crime não pode, conforme já explicado acima por Mendes, ceder à pressão popular e deixar a técnica e a fundamentação jurídica de lado.

Mesmo Barroso reconhecendo isso, em teoria, acaba por afirmar o contrário. Afirma ele que, se o povo está infeliz, a interpretação correta a ser aplicada não é a intepretação literal da lei. Vejamos:

---

[93] STF. Habeas Corpus n. 152.752. Relator: Min. Edson Fachin. Paraná, DJ: 02/02/2018. *STF*, 2018. p. 179. Disponível em: <http://portal.stf.jus.br/processos/detalhe.asp?incidente=5346092> Acesso em: 02 Set. 2019.

[94] STF. Habeas Corpus n. 152.752. Relator: Min. Edson Fachin. Paraná, DJ: 02/02/2018. *STF*, 2018. p. 179. Disponível em: <http://portal.stf.jus.br/processos/detalhe.asp?incidente=5346092> Acesso em: 02 Set. 2019.

> Ninguém interpreta a Constituição e muito menos o Direito Penal para atender clamor público. Nisso estamos todos de acordo. Mas uma interpretação que produz consequências absurdas e frustra sentimentos mínimos de justiça da sociedade não pode ser a interpretação adequada do texto constitucional.[95]

Outro voto interessante de ressaltar é o voto da ministra Rosa Weber, ao passo que em 2016 teve posicionamento divergente do julgamento do Habeas Corpus 152.752 em 2018. Rosa Weber inicia seu voto frisando a competência do Supremo Tribunal Federal em relação à interpretação por um órgão imparcial, tendo em vista uma sociedade plural que possui opiniões antagônicas acerca de um mesmo fato ou mesma legislação.[96]

Ressalta também que o entendimento jurisprudencial do STF não deve ser alterado de acordo com a mudança dos membros, sob pena de mitigação do princípio da segurança jurídica:

> Por isso aqui já afirmei, mais de uma vez, que, compreendido o Tribunal como instituição, a simples mudança de composição não constitui fator suficiente para legitimar a alteração da jurisprudência, como tampouco o são, acresço, razões de natureza pragmática ou conjuntural.[97]

Justifica que, apesar de vivermos em uma sociedade dinâmica, a mudança de entendimento acerca de um determinado assunto necessita ser motivada para que possa ser

---

[95] STF. Habeas Corpus n. 152.752. Relator: Min. Edson Fachin. Paraná, DJ: 02/02/2018. *STF*, 2018. p. 179. Disponível em: <http://portal.stf.jus.br/processos/detalhe.asp?incidente=5346092> Acesso em: 02 Set. 2019.

[96] STF. Habeas Corpus n. 152.752. Relator: Min. Edson Fachin. Paraná, DJ: 02/02/2018. *STF*, 2018. p. 193-194. Disponível em: <http://portal.stf.jus.br/processos/detalhe.asp?incidente=5346092> Acesso em: 02 Set. 2019.

[97] STF. Habeas Corpus n. 152.752. Relator: Min. Edson Fachin. Paraná, DJ: 02/02/2018. *STF*, 2018. p. 196. Disponível em: <http://portal.stf.jus.br/processos/detalhe.asp?incidente=5346092> Acesso em: 02 Set. 2019.

revisada. Todavia, ressalte-se que no Habeas Corpus de 2016, o precedente de 2009 foi favorável à proibição da prisão antes do trânsito em julgado, e neste momento, novamente, Rosa Weber apenas aplicou o precedente ao seu voto. Realmente, havia mudanças substanciais entre 2009 e 2016 em um contexto geral, mas, dentre essas mudanças, houve o crescimento exponencial de pessoas encarceradas no Brasil. Na mesma proporção, cresciam o número de reincidentes[98]. Diante disso, e de todo contexto do sistema penal brasileiro, seria o caso de realmente criar uma interpretação facilitadora do encarceramento, mesmo com mandamento constitucional literal em sentido contrário?

Há um embate marcante, interessante de ser discutido, entre votos de Rosa Weber e o voto do ministro Gilmar Mendes. Rosa Weber aponta precedentes os quais demonstram que o princípio da presunção da inocência não é prejudicado quando o réu é preso após a condenação somente em segunda instância. Vejamos:

> Processual penal. Embargos Declaratórios recebidos como Agravo Regimental em Habeas Corpus. Condenação por estupro de vulnerável. Execução provisória. Possibilidade. 1. (...) 2. A execução de decisão penal condenatória proferida em segundo grau de jurisdição não viola o princípio constitucional da presunção de inocência ou não culpabilidade. 3. A orientação adotada pelo Plenário do STF, no julgamento do HC 126.292, Rel. Min. Teori Zavascki, não significou aplicação retroativa de lei penal mais gravosa. Precedentes. 4. Agravo regimental desprovido." (HC 135.567-ED/SP, Rel. Min. Roberto Barroso, 1ª Turma, DJe 16.3.2017) "AGRAVO REGIMENTAL EM HABEAS CORPUS. PROCESSO PENAL. DECISÃO MONOCRÁTICA. INEXISTÊNCIA DE ARGUMENTAÇÃO APTA A MODIFICÁLA. MANUTENÇÃO DA NEGATIVA DE SEGUIMENTO. CONDENAÇÃO EM SEGUNDO GRAU. EXECUÇÃO PROVISÓRIA. POSSIBILIDADE. AGRAVO REGIMENTAL DESPROVIDO. 1. (...) 2. Nos termos do decidido pelo Tribunal Pleno, "a execução provisória de acórdão penal condenatório proferido em grau de apelação, ainda

---

[98] GRAZIANO SOBRINHO, Sérgio Francisco Carlos. *Os impactos econômicos da atuação do sistema penal: vida virtual, isolamento e encarceramento em massa.* 2014. Disponível em: <http://www.scielo.br/pdf/seq/n69/06.pdf>. Acesso em: 02 set. 2019.

que sujeito a recurso especial ou extraordinário, não compromete o princípio constitucional da presunção de inocência afirmado pelo artigo 5°, inciso LVII da Constituição Federal." (HC 126292, Relator(a): Min. TEORI ZAVASCKI, Tribunal Pleno, julgado em 17/02/2016). 3. Na mesma direção, ao indeferir tutela cautelar nas ADCs 43 e 44, o Plenário conferiu interpretação conforme ao art. 283, CPP, para o fim de assentar que é coerente com a Constituição o principiar de execução criminal quando houver condenação confirmada em segundo grau, salvo atribuição expressa de efeito suspensivo ao recurso cabível. 4. Por fim, sob a ótica da repercussão geral, o Tribunal reafirmou sua jurisprudência para o fim de explicitar que "a execução provisória de acórdão penal condenatório proferido em grau recursal, ainda que sujeito a recurso especial ou extraordinário, não compromete o princípio constitucional da presunção de inocência afirmado pelo artigo 5°, inciso LVII, da Constituição Federal. (ARE 964246, Rel. Min. Teori Zavascki, julgado em 11.11.2016) 5. Agravo regimental desprovido." (HC 137.908-AgR/SP, Rel. Min. Edson Fachin, 1ª Turma, DJe 06.3.2017)[99]

Ao mesmo tempo, de forma antagônica, Gilmar Mendes citou inúmeros casos em que a decisão do STJ fez interferência direta no caso concreto. Vejamos:

Na ação penal 0104654-76.1995.403.6181, da Justiça Federal de São Paulo, réu condenado a 5 anos de reclusão, regime semiaberto, teve a sentença confirmada pelo TRF/3ª Região, deflagrando-se automaticamente o início do cumprimento da pena. Porém, em habeas corpus impetrado no STJ (HC 317.330/SP), a pena foi reduzida para 4 anos de reclusão, sendo alcançada pela prescrição. 2) Réu condenado e a sentença mantida pelo Tribunal à pena de 5 anos de reclusão, regime inicial fechado, dando-se automaticamente o início do cumprimento da pena. Em agravo em recurso especial no STJ (AREsp 1.195.573-SP), entretanto, a pena foi reduzida para 1 ano e 8 meses de reclusão, regime aberto, sendo a reprimenda substituída por pena alternativa. 3) No terceiro exemplo, a alforria do réu veio de embargos declaratórios em agravo tirado de recurso especial analisado pelo STJ (977.341-

---

[99] STF. Habeas Corpus n. 152.752. Relator: Min. Edson Fachin. Paraná, DJ: 02/02/2018. *STF*, 2018. p. 208-209. Disponível em: <http://portal.stf.jus.br/processos/detalhe.asp?incidente=5346092> Acesso em: 02 Set. 2019.

MG). Aqui o réu foi condenado a uma pena de 2 anos e 6 meses de reclusão, regime inicial fechado. Deu-se a execução da pena após condenação em segunda instância. O STJ reduziu para 1 ano e 8 meses de reclusão e, diante do quantum aplicado, reconheceu a prescrição.[100]

No próximo capítulo será discutido, a partir de Marcelo Neves, como se daria esse embate já que foram mostradas duas perspectivas baseadas em casos concretos.

.

---

[100] STF. Habeas Corpus n. 152.752. Relator: Min. Edson Fachin. Paraná, DJ: 02/02/2018. *STF*, 2018. p. 111. Disponível em: <http://portal.stf.jus.br/processos/detalhe.asp?incidente=5346092> Acesso em: 02 Set. 2019.

CRÍTICAS, A PARTIR DE MARCELO NEVES, À RELATIVIZAÇÃO DA PRESUNÇÃO DE INOCÊNCIA

Este capítulo se destina a associar os votos emanados pelos ministros em comparação à tese de Marcelo Neves sobre a aplicação de princípios e regras. Salienta-se, também, pontos específicos sobre princípios fundamentais, em razão de serem preponderantes e balizadores, tendo em vista o status constitucional. Por fim, demonstra-se o último julgado, até o presente momento, do STF, em relação à constitucionalidade do art. 283 do Código de Processo Penal, em sede de Ação Declaratória de Constitucionalidade, apresentando o contraponto com o resultado do julgamento do Habeas Corpus de número 152.752.

Pois bem. Depreende-se do capítulo 2 deste trabalho que há grande questionamento sobre como interpretar a norma para enquadrá-la como princípio, como regra ou como norma de dupla natureza ou híbrida (de princípio e regra). Comumente, a sentença "ninguém será considerado culpado até o trânsito em julgado de sentença penal condenatória" é considerada como um princípio, conhecido como princípio da presunção da inocência. Ainda que este princípio seja constitucional e tenha grande força normativa, é necessária a análise de outras variáveis para que se chegue a solução de um caso concreto difícil, como ocorreu nos julgamentos dos Habeas Corpus de números 126.292, 152.752 e 84.078, que foram casos paradigmas utilizados para discutir a possibilidade da prisão antes do trânsito em julgado do processo penal, conforme já explanado.

Mesmo em se tratando de um princípio, ou justamente por se tratar de um princípio, tem-se a necessidade de traduzir a importância que este carrega, dispensando o tratamento ofertado por manuais, que tornam o termo insignificante[101]. Contudo, desde o início do livro, Marcelo Neves já deixava claro que a problemática entre princípios e regras seria resolvida através da interpretação[102]. E como interpretar?

Ainda neste recorte acima, Neves dizia que o modo correto da interpretação seria não sobrepor uma norma a outra, mas sim balizar para que o ordenamento jurídico percorresse um caminho harmônico. É certo que nos julgamentos dos três HCs mencionados, há normas antagônicas, uma de ordem constitucional e outra de ordem legal. Pela tese de Marcelo Neves já tratada, interpretar harmonicamente seria observar o conjunto da legislação e oferecer o melhor julgamento.

3.1 Análise da melhor interpretação a partir do contexto normativo constitucional e penal

Nesta senda, tem-se que os julgamentos do caso concreto remontam a um princípio constitucional que entra em conflito com uma norma de processo penal. Segundo já explanado nos julgamentos dos ministros, o art. 637 do CPP entra em confronto com o art. 5º inciso LVII da Constituição Federal. Ocorre que, pela tese de Marcelo Neves, deve-se observar o contexto de normas constitucionais e de normas penais para averiguar em qual sentido esses dois ordenamentos apontam.

---

[101] NEVES, Marcelo. *Entre Hidra e Hércules: Princípios e Regras constitucionais*. WFM Martins Fontes: São Paulo. 2013, p. 22-23

[102] NEVES, Marcelo. *Entre Hidra e Hércules: Princípios e Regras constitucionais*. WFM Martins Fontes: São Paulo. 2013, p. 24

O Direito Penal tem como sustentáculo o princípio da mínima intervenção penal. Sem remontar toda a história do sistema penal inquisitorial e torturador, sabe-se que a principiologia da mínima intervenção advém da necessidade de conter a vingança privada e as arbitrariedades do Estado. Dentre os princípios, destaca-se um basilar, o princípio do in dubio pro reo. Mas também podemos destacar o princípio da taxatividade, da legalidade, do devido processo legal, da irretroatividade. Fica percebido que a legislação é protetiva ao acusado na fase processual[103].

É possível citar também diversos dispositivos legais que demonstram a proteção ao acusado:

> Art. 8º da Convenção Americana de Direitos Humanos (aprovada com status supralegal no ordenamento jurídico brasileiro): Toda pessoa acusada de delito tem direito a que se presuma sua inocência enquanto não se comprove legalmente sua culpa[104];

> Art. 283 do CPP: Ninguém poderá ser preso senão em flagrante delito ou por ordem escrita e fundamentada da autoridade judiciária competente, em decorrência de sentença condenatória transitada em julgado ou, no curso da investigação ou do processo, em virtude de prisão temporária ou prisão preventiva[105].

> Art. 105. Transitando em julgado a sentença que aplicar pena privativa de liberdade, se o réu estiver ou vier a ser preso, o Juiz ordenará a expedição de guia de recolhimento para a execução[106].

> Art. 5º Todos são iguais perante a lei, sem distinção de qualquer natureza, garantindo-se aos brasileiros e aos estrangeiros residentes

---

[103] GOMES, Luiz Flávio. *Estudos de direito penal e processual penal.* São Paulo: Revista dos Tribunais, 1998, p.101.
[104] ORGANIZAÇÃO DOS ESTADOS AMERICANOS. *Convenção Americana de Direitos Humanos.* Costa Rica, 1969. Disponível em: <https://www.cidh.oas.org/basicos/portugues/c.convencao_americana.htm.>. Acesso em: 17 Ago. 2019.
[105] BRASIL. *Código de Processo Penal. Decreto lei nº 3.689, de 03 de outubro de 1941.* Brasília, 1941. Disponível em: <http://www.planalto.gov.br/ccivil_03/decreto-lei/del3689compilado.htm>. Acesso em: 02 Set. 2019.
[106] BRASIL. *Lei de Execuções Penais. Lei nº 7210 de 11 de julho de 1984.* Brasília, 1984. Disponível em: <http://www.planalto.gov.br/ccivil_03/leis/l7210.htm>. Acesso em: 02 Set. 2019.

no País a inviolabilidade do direito à vida, à liberdade, à igualdade, à segurança e à propriedade, nos termos seguintes:

XL - a lei penal não retroagirá, salvo para beneficiar o réu;

[...] LIV - ninguém será privado da liberdade ou de seus bens sem o devido processo legal[107].

Poucos são os dispositivos que tendem ao encarceramento sem a sua devida necessidade. Antes do trânsito em julgado, conforme já citado, existem dispositivos que estabelecem a possibilidade de prisão cautelar. Conforme tratado, os ministros não mencionaram o aspecto da prisão cautelar como preponderante argumento para a discussão. Tanto o é que os ministros que votaram à favor da prisão antes do trânsito em julgado não citaram dispositivos diretamente legais, além do art. 637 do CPP, mas sim interpretações da legislação.

Nesse sentido, apesar de citado anteriormente, faz-se necessário reproduzir a sentença produzida por Marcelo Neves para explicar o devido encaixe: a intermediação de regras que guardam o mesmo sentido do dispositivo constitucional alvo da discussão, vai conferir força à aplicabilidade do princípio mencionado:

> A relação entre princípios e regras implica uma relação circular reflexiva na dimensão da estática jurídica; a concretização constitucional exige uma regra completa ("norma geral") como critério imediato para a solução do caso mediante a norma de decisão; há uma impossibilidade prática de aplicação imediata de princípios sem intermediação de regras, sejam estas (atribuídas diretamente a dispositivos) legais ou constitucionais ou construídas (atribuídas indiretamente ao texto constitucional) jurisprudencialmente; a argumentação focada excessivamente em princípios constitucionais é sobremaneira falível, deixando amplo espaço para que se superem as próprias regras constitucionais desenvolvidas a partir dela[108].

---

[107] BRASIL. *Constituição da República Federativa do Brasil*. Brasília, 1988. Disponível em <http://www.planalto.gov.br/ccivil_03/constituicao/constituição.htm> Acesso em: 02 Set. 2019.
[108] NEVES, Marcelo. *Entre Hidra e Hércules: Princípios e Regras constitucionais*. WFM Martins Fontes: São Paulo. 2013, p. 141.

Todavia, a ministra Rosa Weber, no HC 152752, citou Dworkin, que inclusive é um dos autores que serve como base para o escrito de Marcelo Neves utilizado no presente trabalho, sob a perspectiva de afirmar exatamente isso, ou seja, o sistema precisa gozar da característica da unicidade e harmonia[109]. Citou diretamente: "uma instituição que aceite esse ideal às vezes irá, por esta razão, afastar-se da estreita linha das decisões anteriores, em busca de fidelidade aos princípios concebidos como mais fundamentais a esse sistema como um todo"[110]. Apesar de assim ter citado, utilizou essa tese para afirmar justamente o contrário, postulando que os contextos constitucional e penal prezam pela garantia da punição em detrimento da liberdade durante o processo, já que votou a favor da prisão antes do trânsito em julgado.

3.2 Conhecimento da análise interpretativa a partir de Alexy, Dworkin e Habermas

Segundo Alexy, os princípios são aplicáveis também de forma imediata, a depender da linguagem. Com isso, quis dizer o referido autor que não necessariamente os princípios precisam ser intermediados por regras. Bastaria que, pela leitura do princípio, ficasse clara a autoaplicabilidade e independência de interpretação de algum termo obscuro.[111] Adequando essa sentença ao tema, observemos: "ninguém será considerado

---

[109] STF. Habeas Corpus n. 152.752. Relator: Min. Edson Fachin. Paraná, DJ: 02/02/2018. *STF*, 2018. p. 201. Disponível em: <http://portal.stf.jus.br/processos/detalhe.asp?incidente=5346092> Acesso em: 02 Set. 2019

[110] Comentários: Pelas teses estudadas sobre o contexto do direito penal, conforme todas as fontes já citadas, a ministra Rosa Weber subverteu o enredo do histórico do direito penal que, em sua essência é garantista, é mínimo, é protetivo em relação ao réu, é prioritário em relação às garantias de direitos fundamentais. (DWORKIN, Ronald. *O Império do Direito*. São Paulo: Martins Fontes, 1999)

[111] NEVES, Marcelo. *Entre Hidra e Hércules: Princípios e Regras constitucionais*. WFM Martins Fontes: São Paulo. 2013. p. 60-61

culpado até o trânsito em julgado de sentença penal condenatória."

O único termo que é passível de discussão, como visto, é o "trânsito em julgado", que foi definido no terceiro capítulo do trabalho com fins didáticos: através do autor citado resta claro que o trânsito em julgado, formal ou material, dá-se quando a decisão não é mais passível de recurso[112]. Não cabe aqui discutir outro conceito de trânsito em julgado, vez que os ministros não questionam a definição do termo, mas sim clamam por sua relativização a partir de outra interpretação. Pela perspectiva de Alexy, a norma citada é autoaplicável.

Dworkin, apesar de sofrer críticas pelo neoconstitucionalismo, prelecionou e deu enfoque ao que atualmente chamamos de segurança jurídica[113]. Sem dúvidas, neste aspecto, deve-se considerar sua tese, tendo em vista que a instabilidade de interpretações do STF causa um desconforto popular, além de ser combatido do ponto de vista do respeito ao princípio constitucional da segurança jurídica[114]. Nesse âmbito, pode-se dizer que a rediscussão, por três vezes, acerca do mesmo tema em um curto espaço de tempo, inibe uma cultura de precedentes, principalmente porque os mesmos ministros mudaram suas fundamentações em anos diferentes[115].

Apesar que, conforme enfatiza Habermas, a problemática não está na norma em abstrato[116]. Explique-se melhor: ao olhar

---

[112] MOUZALAS, R.; NETO, J.O.T; MADRUGA, E. *Processo Civil volume único*. JusPodivm: Salvador. 2016. p. 620.

[113] Comentários: esse conceito, naquela época, não levava o nome de segurança jurídica. Depreende-se da leitra do conjunto da obra que sua ideia vem a transparecer o termo hoje chamado de segurança jurídica. NEVES, Marcelo. *Entre Hidra e Hércules: Princípios e Regras constitucionais*: WFM Martins Fontes: São Paulo. 2013

[114] MEDINA, Damares. *Instabilidade jurisprudencial no STF dificulta cultura de precedentes*. 2015. Disponível em: <https://www.conjur.com.br/2015-set-28/damares-medina-instabilidade-decisoes-stf-gera-inseguranca>. Acesso em: 17 Ago. de 2019.

[115] MEDINA, Damares. *Instabilidade jurisprudencial no STF dificulta cultura de precedentes*. 2015. Disponível em: <https://www.conjur.com.br/2015-set-28/damares-medina-instabilidade-decisoes-stf-gera-inseguranca>. Acesso em: 17 Ago. de 2019.

para a sentença que disserta sobre o chamado princípio da presunção da inocência, não há grandes problemáticas com relação à interpretação. A problemática surge com a mutabilidade da sociedade e com a aplicabilidade da norma no caso concreto. No caso do julgamento que desencadeou a maior amplitude da discussão, a maioria dos ministros que votou a favor da prisão antes do trânsito em julgado ressaltou que, com o surgimento e alteração do Código de Processo Civil em relação aos recursos, os julgamentos demoravam tanto ao ponto de prescrever e, em razão disso, entendiam ser viável a relativização do princípio[117].

Todavia, suprimir um Direito Fundamental em razão de uma mudança na realidade processual é realmente justificável? Preleciona Ingo Wolfgang Sarlet que

> Tendo em vista que a proteção da liberdade por meio dos direitos fundamentais é, na verdade, proteção juridicamente mediada, isto é, por meio do Direito, pode afirmar-se com segurança, na esteira do que leciona a melhor doutrina, que a Constituição (e, neste sentido, o Estado constitucional), na medida em que pressupõe uma atuação juridicamente programada e controlada dos órgãos estatais, constitui condição de existência das liberdades fundamentais, de tal sorte que os direitos fundamentais somente poderão aspirar à eficácia no âmbito de um autêntico Estado constitucional[118].

Conforme pensamento de Eros Grau, no HC 84.078, baseado na crítica de Alberto Silva Franco ao sistema inquisitorial[119], menos ainda merecia a supressão de tal direito

---

[116] NEVES, Marcelo. *Entre Hidra e Hércules: Princípios e Regras constitucionais*. WFM Martins Fontes: São Paulo. 2013, p. 97.

[117] STF. Habeas Corpus n. 84.078. Relator: Min. Eros Grau. Minas Gerais, DJ: 05/02/2009. *STF*, 2009. Disponível em: <http://redir.stf.jus.br/paginadorpub/paginador.jsp?docTP=AC&docID=60853 1>. Acesso em: 02 Set. 2019.

[118] SARLET, Ingo Wolfgang. *A eficácia dos direitos fundamentais: uma teoria geral dos direitos fundamentais na perspectiva constitucional* .11. ed. rev. atual. Porto Alegre: Livraria do Advogado Editora, 2012.

[119] FRANCO, Alberto Silva. *Crimes Hediondos: anotações sistemáticas à Lei 8.072/90*. São Paulo, Editora Revista dos Tribunais: 2000. p. 98-99.

fundamental porque as pessoas padeciam de um sentimento de injustiça, já que a mora no processamento dos recursos dava uma ideia de impunidade[120]. Isto porque a força normativa do dispositivo obriga, nos termos de José de Faria Costa e Marco Antônio Marques da Silva, o acolhimento do réu como presumidamente inocente[121].

Inclusive, Dworkin diz exatamente isso, e apesar da distância temporal entre a sua tese e as presentes discussões ocorridas em sede de Habeas Corpus, seu postulado ainda deve ser considerado nos dias atuais. Prelecionada desde aquela época que a moral era bem diferente da aplicação do direito principiológico, sendo este último de aplicação obrigatória pelo operador do direito[122]. Este sim é um argumento juridicamente válido aos olhos da comunidade acadêmica, vez que Dworkin teve grandes contribuições jurídicas que deram origem a institutos como o citado acima.

Alexy, outro autor que tomou demasiada importância na tese de Neves, identifica que os princípios também podem ser autoaplicáveis ao fim de um processo concretizador, quando for suficientemente claro e observar que não cabem exceções ao caso[123]. Sob essa perspectiva, avalia-se, pela letra da lei, que de acordo com Alexy, o princípio da presunção da inocência é considerado autoaplicável, porque sequer padece de termos genéricos ou duvidosamente imprecisos.

Habermas, apesar de possuir discordâncias em relação a

---

[120] STF. Habeas Corpus n. 84.078. Relator: Min. Eros Grau. Minas Gerais, DJ: 05/02/2009. *STF*, 2009. p. 13. Disponível em: <http://redir.stf.jus.br/paginadorpub/paginador.jsp?docTP=AC&docID=608531>. Acesso em: 02 Set. 2019.
[121] COSTA, José de Faria; SILVA, Marco Antônio Marques da (Org.). *Significados da Presunção de Inocência*. In: Direito Penal Especial, Processo Penal e Direitos Fundamentais. São Paulo: Quartier Latin, 2006. p. 326.
[122] DWORKING, Ronald. (1991ª). *Taking Rights Seriously* [1977].6º.ed.Londres: Duckworth [trad.bras.: *Levando os direitos a sério*. São Paulo: Martins Fontes, 2002].p. 197.
[123] ALEXY, Robert (1979): "Zum Begriff des Rechtsprinzips". *In*: Werner Krawietz, Kazimirez Opalek, Aleksander Peczenik e Alfred Scharamm (orgs.). *Argmentation und Hermeneutik in der Jurisprudenz*. Berlim: Dunker & Humblot, p. 69-70. [trad. bras. 2008, p. 105].

Alexy, fundamentou que os princípios são de observância obrigatória pelos operadores do direito e conferem validade às demais normas[124]. Nesse âmbito, a tese de Habermas está em harmonia com o presente escrito, porque acredita que princípios, na acepção de termo fundamental, de direito, garantidor, assegurado constitucionalmente, deve ser observado sob pena de supressão de aplicabilidade da norma benéfica de forma arbitrária, salvo exceção ou melhor juízo. Todavia, dada a radicalidade da tese de Habermas, ressalto que o presente escrito não adota a sua tese quando esta aponta que não há ponderação entre princípios e regras antagônicas.

3.3 Interpretação dada ao princípio da presunção da inocência a partir de Marcelo Neves

Marcelo Neves, a partir desses outros pensadores, começa a elaborar sua própria tese. Conforme explanado no primeiro capítulo, ele utiliza a expressão *alter* para indicar a norma feita em caráter abstrato e *ego* para indicar a interpretação da norma no caso concreto[125]. Ocorre que, principalmente no julgamento do Habeas Corpus do ex-presidente Lula, que geraria precedentes em outros casos concretos acerca da prisão após o trânsito em julgado, por várias vezes os ministros utilizaram argumentos que se referiam à pessoa do ex-presidente[126].

---

[124] HABERMAS., Jürgen (1992) *Faktizität und Geltung. Beiträge zur Diskurstheorie des Rechts und des demokratischen Rechtsstaats.* Frankfurt am Main: Suhrkamp. [trad. bras.: *Direito e democracia: entre a facticidade e validade.* 2ª.ed. Rio de Janeiro: Tempo Brasileiro, 2003, 2vols.]. p. 311 [trad. bras. 2003, vol. I, p. 317].

[125] NEVES, Marcelo. *Entre Hidra e Hércules: Princípios e Regras constitucionais.* WFM Martins Fontes: São Paulo. 2013. p. 95.

[126] Comentários: Luís Roberto Barroso, quando profere voto acerca da prisão antes do trânsito em julgado, relata um sentimento de injustiça por parte da população brasileira, ao passo que afirma que as pessoas que cometem crimes como peculato, lavagem de dinheiro, corrupção passiva, corrupção ativa estão impunes, enquanto um menino que usa maconha está preso, faz, na realidade, um julgamento que está baseado no que ele percebe do caso concreto, que possui grande repercussão política por se tratar de pessoa pública bastante popular e especificamente crime contra a ordem econômica. Ocorre que esse precedente vincularia todos os demais processos daquele momento em diante. Não deveria ter

Observe-se que a presente discussão não deveria, em tese, tratar de um caso concreto em si, porque o que é discutido, no seio do Habeas Corpus 152.752, é a validade ou não da prisão antes do trânsito em julgado à luz do princípio da presunção da inocência e do art. 637 do CPP de forma abstrata, ou seja, sem adequar essa discussão a nenhum caso concreto específico.

Esta é uma discussão bastante complexa porque, mesmo que a partir de um caso concreto, os ministros do STF tinham de pensar no caráter vinculante daquele julgamento, até porque não cabia mais a discussão do caso concreto. Todavia, Rosa Weber citou em seu voto de forma prevalente o inconformismo popular em relação a esses crimes contra a ordem econômica[127]. Nesse mesmo Habeas Corpus, Fux também o fez.[128] Inclusive, no voto do ministro Ricardo Lewandowski, fica claro que ele percebe que os demais ministros pautaram a manutenção do precedente na possibilidade da prisão antes do trânsito em julgado com base nos crimes de corrupção. Vejamos:

> Afigura-se até compreensível que alguns magistrados queiram flexibilizar essa tradicional garantia para combater a corrupção endêmica que assola o país. Mas, nem sempre emprestam a mesma ênfase a outros problemas igualmente graves, como o inadmissível crescimento da exclusão social, o lamentável avanço do

---

sido pensado que somente seriam atingidas as pessoas que cometeram crimes de grande notoriedade contra a ordem econômica, porque aqueles que cometeram crimes menos gravosos também ficarão sobre a égide desse precedente que acabou por permitir a prisão antes do trânsito em julgado, mesmo antes de processado o recurso perante o STJ, que possui o condão de alterar até a dosimetria da pena. (STF. Habeas Corpus n. 152.752. Relator: Min. Edson Fachin. Paraná, DJ: 02/02/2018. *STF*, 2018. p. 178. Disponível em: <http://portal.stf.jus.br/processos/detalhe.asp?incidente=5346092> Acesso em: 02 Set. 2019.)

[127] STF. Habeas Corpus n. 152.752. Relator: Min. Edson Fachin. Paraná, DJ: 02/02/2018. *STF*, 2018. p. 192. Disponível em: <http://portal.stf.jus.br/processos/detalhe.asp?incidente=5346092> Acesso em: 02 Set. 2019.

[128] STF. Habeas Corpus n. 152.752. Relator: Min. Edson Fachin. Paraná, DJ: 02/02/2018. *STF*, 2018. p. 263. Disponível em: <http://portal.stf.jus.br/processos/detalhe.asp?incidente=5346092> Acesso em: 02 Set. 2019.

desemprego, o inaceitável sucateamento da saúde pública e o deplorável esfacelamento da educação estatal, para citar apenas alguns exemplos. Mesmo aos deputados e senadores é vedado, ainda que no exercício do poder constituinte derivado do qual são investidos, extinguir ou minimizar a presunção de inocência. Com maior razão não é dado aos juízes fazê-lo por meio da estreita via da interpretação, pois esbarrariam nos intransponíveis obstáculos das cláusulas pétreas, verdadeiros pilares de nossas instituições democráticas[129].

Marco Aurélio, nessa mesma perspectiva, demonstra de forma bastante incisiva aos demais ministros que tanto ressaltaram o aspecto da corrupção no país, o perigo das implicações práticas em relativizar um princípio que transparece um direito fundamental com base no cometimento de crimes de corrupção. Até porque, no Brasil, o crime de corrupção não é o crime mais cometido. A maior população carcerária no Brasil advém do crime de tráfico de drogas, seguido de roubos e furtos[130]. Vejamos a fala do ministro:

> Para concluir-se, nesses tempos de busca incessante de melhores dias para esta sofrida República, que se visa beneficiar corruptos! Ninguém é a favor da corrupção! A sociedade chegou ao ponto máximo de indignação! Ela, se pudesse, teria vísceras, sangue, construiria um paredão e, sem o devido processo, fuzilaria todos aqueles acusados, simplesmente acusados, de corrupção[131].

Ainda na perspectiva de Marcelo Neves explanada acima, ao desenvolver sua tese, é chegado ao consenso de que o ponto

---

[129] STF. Habeas Corpus n. 152.752. Relator: Min. Edson Fachin. Paraná, DJ: 02/02/2018. *STF*, 2018. p. 326. Disponível em: <http://portal.stf.jus.br/processos/detalhe.asp?incidente=5346092> Acesso em: 02 Set. 2019.
[130] LFG. *Crimes mais praticados no Brasil que lotam as penitenciárias.* 2018. Disponível em: <https://www.lfg.com.br/conteudos/artigos/geral/crimes-mais-praticados-no-brasil-que-lotam-as-penitenciarias>. Acesso em: 02 set. 2019.
[131] STF. Habeas Corpus n. 152.752. Relator: Min. Edson Fachin. Paraná, DJ: 02/02/2018. *STF*, 2018. p. 352. Disponível em: <http://portal.stf.jus.br/processos/detalhe.asp?incidente=5346092> Acesso em: 02 Set. 2019.

crucial da discussão não é necessariamente saber se aquela norma é princípio ou regra, mas interpretá-la a partir da sua importância, notoriedade e funcionalidade no ordenamento jurídico[132]. Nesse contexto, vale ressaltar o que estabelece Ingo Wolfgang Sarlet acerca da posição dos direitos fundamentais no ordenamento jurídico:

> (...) os direitos fundamentais passam a ser considerados, para além de sua função originária de instrumentos de defesa da liberdade individual, elementos da ordem jurídica objetiva, integrando um sistema axiológico que atua como fundamento material de todo o ordenamento jurídico[133].

Sobre a questão da ponderação entre princípios e regras, Marcelo Neves faz uma crítica a respeito das decisões em instâncias ou órgãos colegiados. Isto porque não é possível ponderar entre um e outro posicionamento. O que ocorre é que a maioria vence, sem haver harmonia e pacificidade entre as opiniões[134]. Sendo assim, nos casos concretos abordados no presente trabalho (três Habeas Corpus emblemáticos), a partir do que foi referido, tem-se que não houve a ponderação do princípio da presunção da inocência, mas sim a vinculação da maioria dos ministros à possibilidade de aplicação da pena antes do trânsito em julgado (que ficou sedimentado na última discussão em forma de precedente). Em contraponto, outros cinco votos consideravam abominável essa possibilidade do ponto de vista da tecnicidade jurídica. Ressalte-se, ainda, que, conforme se observa, não houve grande discrepância entre o número de ministros que votaram contra e o número de ministros que votaram a favor[135].

---

[132] NEVES, Marcelo. *Entre Hidra e Hércules: Princípios e Regras constitucionais.* WFM Martins Fontes: São Paulo. 2013. p. 103.
[133] SARLET, Ingo Wolfgang. *A eficácia dos direitos fundamentais: uma teoria geral dos direitos fundamentais na perspectiva constitucional* .11. ed. rev. atual. Porto Alegre: Livraria do Advogado Editora, 2012. p. 47.
[134] NEVES, Marcelo. *Entre Hidra e Hércules: Princípios e Regras constitucionais.* WFM Martins Fontes: São Paulo. 2013, p. 143.
[135] MARÉS, Chico; BECKER, Clara. *Prisão após 2ª instância: quais ministros do STF mudaram de opinião - e de voto?.* 2018. Disponível em: <https://piaui.folha.uol.com.br/lupa/2018/12/19/ministros-2-instancia-

Continua a crítica a afirmar que não há observância à incomensurabilidade da norma nesse caso. A incomensurabilidade é o atributo que determina a expressão valorativa daquela norma, que acaba por não ser fixada enquanto alguns emitem determinada opinião e outros emitem outra. Não passa de um embate de dois polos extremos que não realizaram a ponderação do princípio, pois um afirma ser necessária a sua anulabilidade, enquanto o outro lado demonstra haver total respeito à literalidade da norma[136].

Sobre a existência de princípios antagônicos entre si, Marcelo Neves afirma haver a necessidade de limitação de um dos princípios. Cita um caso emblemático de utilização de células-tronco, no qual a perspectiva religiosa foi suprimida em relação ao direito à saúde[137]. Percebe-se que na seara dessa discussão, dois princípios estão em jogo: o princípio da presunção da inocência e o direito à segurança da população.

Ingo Sarlet, ao longo de seu livro *"A eficácia dos Direitos Fundamentais"* cita diversos aspectos e diversas classificações com relação aos direitos fundamentais. Uma dessas classificações diz respeito à eficácia da norma, a qual se subdivide em normas de organização, normas programáticas e normas definidoras de direito. Salienta o autor que o que difere esses três tipos de normas não é a posição dentro do ordenamento jurídico, mas sim a forma como foi escrito o enunciado. As normas de organização instituem órgãos, as normas programáticas instituem metas a serem alcançadas pelo poder estatal e as normas que criam direitos são autoaplicáveis[138]. Estabelece ele a diferença entre essas normas, reforçando que existem direitos fundamentais que estão positivados de forma que permita o seu imediato reconhecimento:

---

mudanca/>. Acesso em: 02 set. 2019.

[136] NEVES, Marcelo. *Entre Hidra e Hércules: Princípios e Regras constitucionais.* WFM Martins Fontes: São Paulo. 2013. p. 150.

[137] NEVES, Marcelo. *Entre Hidra e Hércules: Princípios e Regras constitucionais.* WFM Martins Fontes: São Paulo. 2013. p. 145-146.

[138] SARLET, Ingo Wolfgang. *A eficácia dos direitos fundamentais: uma teoria geral dos direitos fundamentais na perspectiva constitucional* .11. ed. rev. atual. Porto Alegre: Livraria do Advogado Editora, 2012. p. 233-234.

Assim, por demais evidente que a carga eficacial será diversa em se tratando de norma de natureza programática (ou – se preferirmos – de cunho impositivo), ou em se tratando de forma de positivação que permita, desde logo, o reconhecimento de direito subjetivo ao particular titular do direito fundamental, circunstância que, aliás, não passou despercebida a alguns dos nossos mais ilustres representantes da doutrina constitucional, ainda que estes não tenham estabelecido – ao menos não de forma explícita – esta vinculação direta entre a diversidade das técnicas de positivação dos direitos fundamentais e as posições jurídicas igualmente distintas delas decorrentes[139].

Define ainda que os direitos fundamentais podem ser classificados em direitos de defesa e direitos de prestação. Os primeiros envolvem uma ação absenteísta do Estado, enquanto os segundos exigem uma ação comissiva. Os primeiros são, nas palavras do autor, imediatamente aplicáveis, sem maiores problemáticas, ao passo que os segundos, não. Profere Sarlet:

> Neste sentido, cumpre relembrar que os direitos fundamentais, em razão de sua multifuncionalidade, podem ser classificados basicamente em dois grandes grupos, nomeadamente os direitos de defesa (que incluem os direitos de liberdade, igualdade, as garantias, bem como parte dos direitos sociais – no caso, as liberdades sociais – e políticos) e os direitos a prestações (integrados pelos direitos a prestações em sentido amplo, tais como os direitos à proteção e à participação na organização e procedimento, assim como pelos direitos a prestações em sentido estrito, representados pelos direitos sociais de natureza prestacional). Se os direitos de defesa, como dirigidos, em regra, a uma abstenção por parte do Estado, assumem habitualmente a feição de direitos subjetivos, inexistindo maior controvérsia em torno de sua aplicabilidade imediata e justiciabilidade, o mesmo não ocorre com os direitos a prestações. [...]Por esta razão, ao enfrentarmos a problemática da eficácia dos direitos fundamentais, não há como desconsiderar sua função precípua (direito de defesa ou prestacional), nem a sua forma de positivação no texto constitucional, já que ambos os aspectos, a toda evidência, constituem fatores intimamente vinculados ao grau de eficácia e

---

[139] SARLET, Ingo Wolfgang. *A eficácia dos direitos fundamentais: uma teoria geral dos direitos fundamentais na perspectiva constitucional* .11. ed. rev. atual. Porto Alegre: Livraria do Advogado Editora, 2012. p. 47. p. 235.

aplicabilidade dos direitos fundamentais, o que não significa que a forma de positivação, notadamente em virtude da distinção entre texto e norma (num mesmo texto de direito fundamental poderão ser extraídas várias normas de direito fundamentais) possa servir de referencial único, nem mesmo preponderante, em várias situações, para exame do problema da eficácia e efetividade.[140]

O princípio em questão no presente trabalho, pela classificação do autor citado, trata de um direito fundamental de defesa, ao passo que exige do Estado a conduta omissiva de não prender o indivíduo acusado até o trânsito em julgado do processo penal condenatório. Por essa tese, o direito em questão é autoaplicável.

Inclusive, ainda com base no autor citado, há crítica sobre a interpretação restritiva de direitos fundamentais que em muito se adequa ao paradigma gerado pelo STF na discussão da presunção da inocência, ao passo que essas interpretações restritivas se dão a partir de uma conjectura sobre o que pensou o legislador, tornando muito distante a exegese[141]. Vejamos:

> (...) houve inclusive quem propusesse uma "nova exegese" da norma contida no art. 5o, § 1o, sustentando a sua necessária interpretação restritiva quanto ao alcance (embora extensiva quanto à eficácia) já que o Constituinte "disse mais do que o pretendido", 74 assumindo, por via de consequência, uma interpretação baseada não apenas na já amplamente questionada e questionável "vontade do Constituinte", mas num originalismo ancorado numa vontade presumidamente contrária ao teor literal do dispositivo[142].

---

[140] SARLET, Ingo Wolfgang. *A eficácia dos direitos fundamentais: uma teoria geral dos direitos fundamentais na perspectiva constitucional* .11. ed. rev. atual. Porto Alegre: Livraria do Advogado Editora, 2012. p. 235.
[141] SARLET, Ingo Wolfgang. *A eficácia dos direitos fundamentais: uma teoria geral dos direitos fundamentais na perspectiva constitucional* .11. ed. rev. atual. Porto Alegre: Livraria do Advogado Editora, 2012. p. 236.
[142] SARLET, Ingo Wolfgang. *A eficácia dos direitos fundamentais: uma teoria geral dos direitos fundamentais na perspectiva constitucional* .11. ed. rev. atual. Porto Alegre: Livraria do Advogado Editora, 2012. p. 236.

Retorna-se para a tese de Marcelo Neves e, em suas explicações finais, sustenta que determinado enunciado pode ser princípio ou regra, sem haver tanta importância de como este será chamado. Salienta Neves que importante mesmo é entender qual o seu papel na funcionalidade e estruturação dentro do ordenamento jurídico.[143]

Em razão disso, autores como Aarnio e Dworkin desenvolveram o termo "híbrido" para designar princípios que mais se assemelham a regras ou regras que mais se assemelham a princípios[144]. Esse termo foi absorvido pela tese de Marcelo Neves. Nos conceitos já estabelecidos no segundo ponto deste trabalho, que trata da designação de princípios e regras a partir de Neves, depreende-se que o princípio da presunção da inocência na realidade é uma norma híbrida: é princípio em razão de seu extremo valor enquanto direito fundamental, mas também é regra ao passo que possui aplicabilidade imediata, dada a literalidade da lei.

Marcelo Neves também torna, perante a tese, o voto de alguns ministros que motivaram suas decisões de acordo com o sentimento de injustiça social, inválidos. Isso porque Neves sustenta que o direito não está vinculado nem à moral, nem à justiça, mas sim ao próprio direito que se autocria de forma juridicamente e fundamentalmente válida. Na interpretação do presente trabalho, Marcelo Neves faz uma crítica ao ponderar que a motivação moral ou política não se adequa ao neoconstitucionalismo. Vejamos:

> Embora a Constituição possa ser vista como um acoplamento estrutural entre direito e política ou como um mecanismo de racionalidade transversal entre esses sistemas, ela atua do ponto de vista do direito, como reflexivo (normatização de processos de normatização) mais abrangente do sistema jurídico. Evidentemente, essa noção de Constituição é incompatível com as formações sociais pré-modernas, nas quais o direito estava subordinado diretamente o amálgama formado pela estrutura de

---

[143] NEVES, Marcelo. *Entre Hidra e Hércules: Princípios e Regras constitucionais*. WFM Martins Fontes: São Paulo. 2013. p. 103.
[144] NEVES, Marcelo. *Entre Hidra e Hércules: Princípios e Regras constitucionais*. WFM Martins Fontes: São Paulo. 2013. p. 105.

dominação política pela semântica moral-religiosa, como também as formas autocráticas contemporâneas, em que o direito fica subordinado imediatamente à ideologia eventual do detentor fático de poder.[145]

Em suma, a partir da perspectiva de Marcelo Neves, subsidiada por Dworkin, Alexy e Harbemas, tem-se que os votos que envolveram a discussão desde 2009, perpassando por julgados já citados em 2016, chegando ao emblemático caso do Habeas Corpus do ex-Presidente Lula, não foram fundamentados de acordo com teses juridicamente válidas. Essencialmente, os votos que votaram a favor da prisão antes do trânsito em julgado, já que, conforme analisado, a maioria usou como fundamento pertinente o sentimento de injustiça social perante a mora no processamento dos recursos extraordinários.

3.4 Análise das ADCS 43, 44 e 54

As Ações Declaratórias de Constitucionalidade tratam da análise da constitucionalidade do art. 283 do CPP, que diz, na íntegra:

> Art. 283. Ninguém poderá ser preso senão em flagrante delito ou por ordem escrita e fundamentada da autoridade judiciária competente, em decorrência de sentença condenatória transitada em julgado ou, no curso da investigação ou do processo, em virtude de prisão temporária ou prisão preventiva[146].

Essa norma, em consonância com o princípio da presunção da inocência prelecionado em Constituição Pátria, também recepciona a literalidade com relação à prisão apenas após o trânsito em julgado de sentença condenatória. Sendo assim, é conflituosa com o entendimento explanado pela Corte no Habeas Corpus de número 126.292. O Partido Ecológico

---

[145] NEVES, Marcelo. *Entre Hidra e Hércules: Princípios e Regras constitucionais*. WFM Martins Fontes: São Paulo. 2013. p. 116.
[146] BRASIL. *Código de Processo Penal. Decreto lei nº 3.689, de 03 de outubro de 1941*. Brasília, 1941. Disponível em: <http://www.planalto.gov.br/ccivil_03/decreto-lei/del3689compilado.htm>. Acesso em: 02 Set. 2019.

Nacional ingressou com esse tipo de ação devido à toda discussão ocorrida desde o ano de 2009, com o objetivo de padronizar, vincular e ter uma resposta juridicamente fundamentada sobre a literalidade da lei, que acabava por fornecer também interpretação do princípio da presunção da inocência, levando em consideração o teor semelhante ou quase idêntico dos artigos.

Primeiro será analisada a cautelar que deu início à discussão e subsídio de fundamentação para que no ano de 2019, com o fechamento da ADC 54, houvesse a decisão.

Marco Aurélio, relator da Ação Declaratória de Constitucionalidade, permaneceu com o seu entendimento exarado no Habeas Corpus de número 126.292. Repisou que a interpretação do Supremo é limitada e, no caso em comento, não há como extrapolar a intepretação par além da literalidade da lei. Assentou que, enquanto não configurada a prática delituosa, prender o indivíduo representaria uma transgressão ao Estado Democrático de Direito. Salientou ainda que, embora alguns dos ministros nas ocasiões de discussões da temática tenham feito distinção entre presunção da inocência e não-culpabilidade, esta não existe. Isto porque, segundo Gustavo Henrique Badaró, o conteúdo dos dois termos é exatamente o mesmo[147].

Inova, agora no tocante ao próprio art. 283 do CPP em discussão, informando que está em completa consonância com o princípio assentado no art. 5º, inciso LVII da CF, não podendo ser declarado, em razão disso, inconstitucional. Não é possível de questionar a constitucionalidade do art. 283 do CPP porque este guarda o mesmo conteúdo de uma cláusula pétrea e, portanto, também não pode ser restrito[148].

---

[147] STF. *Ação Declaratória de Constitucionalidade n. 44*. Relator: Min. Marco Aurélio. Distrito Federal, DJ: 07/11/2019. *STF*, 2019. p. 17. Disponível em: <http://portal.stf.jus.br/processos/downloadPeca.asp?id=313831973&ext=.pdf > Acesso em: 28 Nov. 2019.

[148] STF. *Ação Declaratória de Constitucionalidade n. 44*. Relator: Min. Marco Aurélio. Distrito Federal, DJ: 07/11/2019. *STF*, 2019. p. 17. Disponível em: <http://portal.stf.jus.br/processos/downloadPeca.asp?id=313831973&ext=.pdf > Acesso em: 28 Nov. 2019.

Determina em seu voto a constitucionalidade do art. 283 do CPP, pugnando pela libertação daqueles que estavam presos em condições diversas do que traz a literalidade da lei no artigo mencionado acima. Argumenta ainda com dados estatísticos a quantidade de mudanças de entendimento em sede de Habeas Corpus quando levados a Tribunais Superiores no sentido de prover procedências[149].

Edson Fachin pautou seu voto na obrigação constitucional de proteção penal perante outros direitos fundamentais, que poderiam ser suprimidos em decorrência de práticas delituosas. Ressalta a reprovação do cenário internacional em relação à ausência de punitivismo brasileiro em alguns casos citados. Assegura que mesmo antes de 2009 havia prisão anteriormente ao trânsito em julgado, mas que o STF sempre protegeu a liberdade. Portanto, manteve seu posicionamento exarado no Habeas Corpus 126.292, o qual descrevia que executar provisoriamente a sentença penal não interfere no princípio da presunção da inocência[150].

Segundo Fachin, aqueles que consideram o critério temporal de interpretação, se assim o acreditam, deveriam considerar que o novo CPC foi elaborado em 2015, portanto, posterior ao art. 283 do CPP, ocasião em que deu aos recursos de natureza extraordinária efeito meramente devolutivo[151]. Afirmou, em seu voto, que presumir inocente até o último recurso significaria que a Constituição teria interpretado que o julgamento das instâncias ordinárias padecia de "absoluta desconfiança"[152]. O ministro

---

[149] STF. *Ação Declaratória de Constitucionalidade n. 44.* Relator: Min. Marco Aurélio. Distrito Federal, DJ: 07/11/2019. *STF*, 2019. p. 17-22. Disponível em: <http://portal.stf.jus.br/processos/downloadPeca.asp?id=313831973&ext=.pdf > Acesso em: 28 Nov. 2019.

[150] STF. *Ação Declaratória de Constitucionalidade n. 44.* Relator: Min. Marco Aurélio. Distrito Federal, DJ: 07/11/2019. *STF*, 2019. p. 31-35. Disponível em: <http://portal.stf.jus.br/processos/downloadPeca.asp?id=313831973&ext=.pdf > Acesso em: 28 Nov. 2019.

[151] STF. *Ação Declaratória de Constitucionalidade n. 44.* Relator: Min. Marco Aurélio. Distrito Federal, DJ: 07/11/2019. *STF*, 2019. p. 37. Disponível em: <http://portal.stf.jus.br/processos/downloadPeca.asp?id=313831973&ext=.pdf > Acesso em: 28 Nov. 2019.

[152] STF. *Ação Declaratória de Constitucionalidade n. 44.* Relator: Min. Marco Aurélio.

declarou a constitucionalidade do art. 283, todavia, com a interpretação mencionada, no sentido de que é possível que se prenda antes do trânsito em julgado sem que isso signifique contrariar a legislação[153].

O Ministro Luís Roberto Barroso, repisando a forma como votou nos outros HCs aqui mencionados, já inicia seu voto relatando um caso em que o Estado brasileiro demorou demasiadamente a punir um crime e gerou no pai da vítima o desejo de vingança privada. Mesmo havendo sido amplamente criticado outrora por Gilmar Mendes em decorrência da validade jurídica de seus argumentos para voto, na presente ADC continua a motivar: "Dessa forma, assento o meu voto sobre a primeira premissa de que o sistema de justiça brasileiro – como era – frustra, na maior medida possível, o sentimento de justiça e o senso comum de qualquer pessoa que tenha esses valores em conta"[154].

Corroborando com a crítica já tecida no presente escrito, Barroso ressalta um problema institucional ocorrido no sistema processual penal brasileiro, que é a possibilidade de interposição de centenas de recursos, muitas vezes perante um mesmo tribunal, mesmo sem que nenhum tenha sido provido ou sequer conhecido. Todavia, Barroso trata como se essa problemática fizesse parte da mesma discussão da ADC em questão que, na nossa visão, não o faz. Isto porque o objeto da discussão a ser analisado é a constitucionalidade de um artigo estabelecido no CPP, e não a instrumentalidade processual, que seria uma outra discussão igualmente ampla, mas que foge da competência do Supremo Tribunal Federal[155].

Distrito Federal, DJ: 07/11/2019. *STF*, 2019. p. 40-41. Disponível em: <http://portal.stf.jus.br/processos/downloadPeca.asp?id=313831973&ext=.pdf> Acesso em: 28 Nov. 2019.

[153] STF. *Ação Declaratória de Constitucionalidade n. 44*. Relator: Min. Marco Aurélio. Distrito Federal, DJ: 07/11/2019. *STF*, 2019. p. 48. Disponível em: <http://portal.stf.jus.br/processos/downloadPeca.asp?id=313831973&ext=.pdf> Acesso em: 28 Nov. 2019.

[154] STF. *Ação Declaratória de Constitucionalidade n. 44*. Relator: Min. Marco Aurélio. Distrito Federal, DJ: 07/11/2019. *STF*, 2019. p. 51. Disponível em: <http://portal.stf.jus.br/processos/downloadPeca.asp?id=313831973&ext=.pdf> Acesso em: 28 Nov. 2019.

Explanou tese frontalmente contrária à tese de Marco Aurélio, tendo em vista que este último afirmava que culpabilidade e presunção de inocência eram termos idênticos, sendo a diferenciação para fins de interpretação do art. 5º, LVII da CF meramente retórica. De modo contrário, Barroso expôs:

> O artigo 5º, inciso LVII, que cuida do princípio da presunção da inocência ou da não culpabilidade, diz assim: "LVII - ninguém será considerado culpado até o trânsito em julgado de sentença penal condenatória;" Não diz que ninguém será preso, diz que ninguém será considerado culpado. Portanto, a culpabilidade é uma categoria diversa da possibilidade de se prender alguém, e a certeza jurídica acerca da culpabilidade de alguém só se estabelece depois do trânsito em julgado[156].

Conforme já afirmado no presente escrito, corroboramos com o pensamento de Marco Aurélio, segundo o qual ninguém é preso sem ser considerado culpado, afinal, qual seria a fundamentação para alguém estar preso se não o fosse considerado culpado?

Barroso pontua em seu voto uma tese jurídica que acaba por explanar exatamente o mesmo assunto o qual Marcelo Neves trata em seu livro, também objeto de estudo desse trabalho: princípios e regras. Todavia, através do estudo analítico de: *"Entre Hidra e Hércules: Princípios e Regras constitucionais"*, percebe-se que o ministro Luís Roberto Barroso fez intepretação errônea, à luz do que escreve Neves.

Barroso diz:

> O segundo fundamento que eu acho que legitima a decisão proferida pelo Supremo é o de que o princípio da presunção de inocência, como o nome sugere, é um princípio e não uma regra. A característica dos princípios é que eles podem ser ponderados

---

[155] STF. *Ação Declaratória de Constitucionalidade n. 44*. Relator: Min. Marco Aurélio. Distrito Federal, DJ: 07/11/2019. *STF*, 2019. p. 54. Disponível em: <http://portal.stf.jus.br/processos/downloadPeca.asp?id=313831973&ext=.pdf > Acesso em: 28 Nov. 2019.
[156] STF. *Ação Declaratória de Constitucionalidade n. 44*. Relator: Min. Marco Aurélio. Distrito Federal, DJ: 07/11/2019. *STF*, 2019. p. 93. Disponível em: <http://portal.stf.jus.br/processos/downloadPeca.asp?id=313831973&ext=.pdf > Acesso em: 28 Nov. 2019.

com outros princípios, com outros valores constitucionais que têm a mesma estatura da presunção de inocência[157].

Nos casos ditos difíceis, conforme preleciona Neves, pouco importa a nomenclatura atribuída a princípios ou regras. Isto porque o "status" de princípio ou regra não é permanente. A adequação de uma norma em uma classificação ou outra depende da sua funcionalidade, aplicabilidade e estruturação dentro do ordenamento jurídico. É certo que comumente chamamos o art. 5º, LVII da CF como princípio da presunção da inocência, mas este possui aplicabilidade imediata, como uma regra. Não é porque determinada norma é chamada de princípio que irá ser interpretada estritamente como princípio. A variável depende do enunciado, do significado, das palavras expostas na norma que indicam a forma correta de interpretar[158].

Para sustentar a tese de que o art. 283 do CPP na realidade não proíbe a prisão sem o trânsito em julgado em seu conceito formal, quando questionado pelos demais ministros sobre seus argumentos, Barroso expõe que o art. 637 do CPP é que deve atrair o sentido de interpretação dos demais artigos que citam a expressão "trânsito em julgado". Todavia, é veementemente rebatido, porque, segundo Marco Aurélio e Lewandowski, não há sentido em interpretar todos os artigos que falam do expresso trânsito em julgado de acordo com o art. 637 do CPP, que veio mesmo antes da Constituição Federal de 1988, simplesmente porque ele não foi revogado[159].

Outro argumento utilizado por Barroso foi no sentido de afirmar que, atualmente, no Brasil, é permitida a prisão temporária e a prisão preventiva, que podem ser executadas

---

[157] STF. *Ação Declaratória de Constitucionalidade n. 44*. Relator: Min. Marco Aurélio. Distrito Federal, DJ: 07/11/2019. *STF*, 2019. p. 94. Disponível em: <http://portal.stf.jus.br/processos/downloadPeca.asp?id=313831973&ext=.pdf > Acesso em: 28 Nov. 2019.
[158] NEVES, Marcelo. *Entre Hidra e Hércules: Princípios e Regras constitucionais*. WFM Martins Fontes: São Paulo. 2013. p. 103.
[159] STF. *Ação Declaratória de Constitucionalidade n. 44*. Relator: Min. Marco Aurélio. Distrito Federal, DJ: 07/11/2019. *STF*, 2019. p. 95-100. Disponível em: <http://portal.stf.jus.br/processos/downloadPeca.asp?id=313831973&ext=.pdf > Acesso em: 28 Nov. 2019.

antes de qualquer juízo de cognição. Segundo Barroso, se é possível prender sem mesmo um grau de convencimento, pode prender após condenação em segunda instância, porque se pode mais, pode menos[160]. Barroso também cita que um dos fundamentos da ordem pública é a credibilidade da justiça e, novamente entra em embate argumentativo com o ministro Marco Aurélio. Isto porque o último diz que não reconhece que essa seja a tese do supremo e trata como se essa definição fosse individual ao ministro Barroso[161].

Barroso também é rebatido por Gilmar Mendes, que afirma que estatisticamente 30% dos Habeas Corpus julgados pelo supremo são concedidos, demonstrando a falibilidade das duas outras instâncias e a necessidade da revisão[162].

Em suma, Barroso sedimenta a sua tese da seguinte maneira:

> [...]fundando a minha decisão na seguinte tese: é legítima a execução provisória da pena após a decisão condenatória de segundo grau e antes do trânsito em julgado, para garantir a efetividade do direito penal e dos bens jurídicos constitucionais por ele tutelados, devendo-se conferir interpretação conforme a Constituição ao art. 283 do Código de Processo Penal, para excluir interpretação diversa[163].

O ministro Teori Zavaski também entende ser admitida a prisão mesmo após apenas a condenação em segunda instância e

---

[160] STF. *Ação Declaratória de Constitucionalidade n. 44*. Relator: Min. Marco Aurélio. Distrito Federal, DJ: 07/11/2019. *STF*, 2019. p. 100-101. Disponível em: <http://portal.stf.jus.br/processos/downloadPeca.asp?id=313831973&ext=.pdf> Acesso em: 28 Nov. 2019.

[161] STF. *Ação Declaratória de Constitucionalidade n. 44*. Relator: Min. Marco Aurélio. Distrito Federal, DJ: 07/11/2019. *STF*, 2019. p. 101-103. Disponível em: <http://portal.stf.jus.br/processos/downloadPeca.asp?id=313831973&ext=.pdf> Acesso em: 28 Nov. 2019.

[162] STF. *Ação Declaratória de Constitucionalidade n. 44*. Relator: Min. Marco Aurélio. Distrito Federal, DJ: 07/11/2019. *STF*, 2019. p. 105. Disponível em: <http://portal.stf.jus.br/processos/downloadPeca.asp?id=313831973&ext=.pdf> Acesso em: 28 Nov. 2019.

[163] STF. *Ação Declaratória de Constitucionalidade n. 44*. Relator: Min. Marco Aurélio. Distrito Federal, DJ: 07/11/2019. *STF*, 2019. p. 107. Disponível em: <http://portal.stf.jus.br/processos/downloadPeca.asp?id=313831973&ext=.pdf> Acesso em: 28 Nov. 2019.

indeferiu a liminar da ADC em questão. De maneira antagônica, Rosa Weber votou com argumentação de deferimento da liminar e pelo entendimento de negar a prisão após condenação somente em segunda instância.

Fux votou também pela manutenção da possibilidade da prisão após a condenação em segunda instância. Novamente, assenta que a preocupação deve ser com a sociedade e não com o apenado, como, em sua visão, o fazemos[164]. Semelhante ao argumento citado por Barroso, afirma que

> Então, ninguém entende, nenhum cidadão entende que a parte, o réu, ele tem uma denúncia recebida, ele tem uma denúncia acolhida numa sentença condenatória, ele é condenado pelo Tribunal de Apelação e ele entra inocente no Supremo Tribunal Federal[165].

Mais uma vez fica percebida a relevância que um dos ministros atribui aos pensamentos da sociedade em relação ao poder punitivo do Estado, a qual ganha até mesmo status de fundamentação de decisão. Sustenta ainda que em alguns casos excetivos a prisão é permitida mesmo antes do trânsito em julgado, validadas legalmente e, em razão disso e da falta de expressividade no art. 5º, LXI da CF estritamente sobre o trânsito em julgado[166].

Dias Toffoli afirma ser permitida a prisão após a condenação em segunda instância, argumentando, em suma, na íntegra que

> Com essas considerações, voto pela concessão , em parte, da medida cautelar, para o fim de i) se determinar a suspensão das execuções provisórias de decisões penais ordenadas na pendência

---

[164] STF. *Ação Declaratória de Constitucionalidade n. 44.* Relator: Min. Marco Aurélio. Distrito Federal, DJ: 07/11/2019. *STF*, 2019. p. 145. Disponível em: <http://portal.stf.jus.br/processos/downloadPeca.asp?id=313831973&ext=.pdf > Acesso em: 28 Nov. 2019.

[165] STF. *Ação Declaratória de Constitucionalidade n. 44.* Relator: Min. Marco Aurélio. Distrito Federal, DJ: 07/11/2019. *STF*, 2019. p. 145-146. Disponível em: <http://portal.stf.jus.br/processos/downloadPeca.asp?id=313831973&ext=.pdf > Acesso em: 28 Nov. 2019.

[166] STF. *Ação Declaratória de Constitucionalidade n. 44.* Relator: Min. Marco Aurélio. Distrito Federal, DJ: 07/11/2019. *STF*, 2019. p. 146. Disponível em: <http://portal.stf.jus.br/processos/downloadPeca.asp?id=313831973&ext=.pdf > Acesso em: 28 Nov. 2019.

de julgamento de recurso especial (REsp) ou de agravo em recurso especial (AREsp) que tenham por fundamento as mesmas razões de decidir do julgado proferido pelo Plenário do STF no HC nº 126.292/SP; e ii) se obstar que , na pendência de julgamento de recursos daquela natureza, sejam deflagradas novas execuções provisórias com base nas mesmas razões[167].

Em razão de sua argumentação ser a mesma ideia de alguns ministros já citados, faz-se desnecessário maior aprofundamento.

O ministro Ricardo Lewandowiski manifesta seu voto no sentido de seguir a literalidade da lei, argumentando ausência de possibilidade de interpretação diversa.

> [...]que o dispositivo da Constituição que trata da presunção de inocência ou da não culpabilidade, exatamente o art. 5º, inciso LVII, da Carta Magna, traz algumas limitações de ordem semântica; no que diz respeito à interpretação. Ele é muito claro: antes do trânsito em julgado, a presunção de inocência prevalece. Eu não vejo como fazer uma interpretação contrária a esse dispositivo tão claro, tão taxativo[168].

Declara, então, a constitucionalidade integral do art. 283 do CPP em interpretação harmônica com a literalidade da lei do art. 5º, LVII[169].

Gilmar Mendes, por sua vez, que tinha votos antagônicos em sua decisão desde 2009, acompanhou o voto de Fachin, o qual permaneceu a favor da prisão após condenação em segunda instância, indeferindo, portanto, a liminar em questão[170].

---

[167] STF. *Ação Declaratória de Constitucionalidade n. 44.* Relator: Min. Marco Aurélio. Distrito Federal, DJ: 07/11/2019. *STF*, 2019. p. 147. Disponível em: <http://portal.stf.jus.br/processos/downloadPeca.asp?id=313831973&ext=.pdf > Acesso em: 28 Nov. 2019.
[168] STF. *Ação Declaratória de Constitucionalidade n. 44.* Relator: Min. Marco Aurélio. Distrito Federal, DJ: 07/11/2019. *STF*, 2019. p. 178. Disponível em: <http://portal.stf.jus.br/processos/downloadPeca.asp?id=313831973&ext=.pdf > Acesso em: 28 Nov. 2019.
[169] STF. *Ação Declaratória de Constitucionalidade n. 44.* Relator: Min. Marco Aurélio. Distrito Federal, DJ: 07/11/2019. *STF*, 2019. p. 179. Disponível em: <http://portal.stf.jus.br/processos/downloadPeca.asp?id=313831973&ext=.pdf > Acesso em: 28 Nov. 2019.
[170] STF. *Ação Declaratória de Constitucionalidade n. 44.* Relator: Min. Marco Aurélio.

O ministro Celso de Mello votou contra o posicionamento do ministro Gilmar Mendes e Fachin, argumentando que valores essenciais e liberdades estão sendo suprimidos para fundamentar a posição de permissão de prisão da Corte[171]. Alega ainda que interpretação diversa implica em desrespeito ao regime democrático de direito[172]. Além disso, o ministro rebate o argumento dos que alegam a progressividade do trânsito em julgado e o esvaziamento do princípio da presunção da inocência com o julgamento das instâncias, porque no Brasil não existe esse instituto. Pela literalidade da lei o trânsito em julgado é definitivo e pontual apenas ao final do processo, quando não há mais cabimento de recursos[173]. Acompanha os fundamentos do ministro Marco Aurélio e defere a medida cautelar[174].

A ministra Carmen Lúcia indefere a cautelar, mas pela delonga da discussão não fundamentou seu voto de forma extensa, apenas ressaltando sua concordância com o ministro Barroso[175].

Agora, analisando o julgamento propriamente dito, ocorridos

Distrito Federal, DJ: 07/11/2019. *STF*, 2019. p. 218. Disponível em: <http://portal.stf.jus.br/processos/downloadPeca.asp?id=313831973&ext=.pdf > Acesso em: 28 Nov. 2019.

[171] STF. *Ação Declaratória de Constitucionalidade n. 44.* Relator: Min. Marco Aurélio. Distrito Federal, DJ: 07/11/2019. *STF*, 2019. p. 219. Disponível em: <http://portal.stf.jus.br/processos/downloadPeca.asp?id=313831973&ext=.pdf > Acesso em: 28 Nov. 2019.

[172] STF. *Ação Declaratória de Constitucionalidade n. 44.* Relator: Min. Marco Aurélio. Distrito Federal, DJ: 07/11/2019. *STF*, 2019. p. 231. Disponível em: <http://portal.stf.jus.br/processos/downloadPeca.asp?id=313831973&ext=.pdf > Acesso em: 28 Nov. 2019.

[173] STF. *Ação Declaratória de Constitucionalidade n. 44.* Relator: Min. Marco Aurélio. Distrito Federal, DJ: 07/11/2019. *STF*, 2019. p. 236. Disponível em: <http://portal.stf.jus.br/processos/downloadPeca.asp?id=313831973&ext=.pdf > Acesso em: 28 Nov. 2019.

[174] STF. *Ação Declaratória de Constitucionalidade n. 44.* Relator: Min. Marco Aurélio. Distrito Federal, DJ: 07/11/2019. *STF*, 2019. p. 244. Disponível em: <http://portal.stf.jus.br/processos/downloadPeca.asp?id=313831973&ext=.pdf > Acesso em: 28 Nov. 2019.

[175] STF. *Ação Declaratória de Constitucionalidade n. 44.* Relator: Min. Marco Aurélio. Distrito Federal, DJ: 07/11/2019. *STF*, 2019. p. 246. Disponível em: <http://portal.stf.jus.br/processos/downloadPeca.asp?id=313831973&ext=.pdf > Acesso em: 28 Nov. 2019.

nos dias 17 de outubro, 24 de outubro e 7 de novembro de 2019, tem-se que foi declarada a constitucionalidade do art. 283 do CPP, pela vitória do entendimento de Marco Aurélio (relator), Rosa Weber, Ricardo Lewandowski, Gilmar Mendes, Celso de Mello e Dias Toffoli. Ficaram vencidos Alexandre de Moraes, Edson Fachin, Luís Roberto Barroso, Luiz Fux e Cármen Lúcia [176].

No início do voto, Marco Aurélio já relata a sua harmônica posição com o julgamento dos HCs anteriores e da cautelar, que não sofreu alteração desde o seu primeiro debate sobre o tema. A fundamentação consiste na literalidade da lei e ausência de interpretação semântica diversa, sendo permitida a prisão apenas em casos excetivos (preventiva e cautelar)[177].

Fachin votou no sentido de indeferir as ADCs com base no fundamento de tutela de proteção do Estado para cos os indivíduos em relação aos casos de violência[178]. Afirma ainda que na vigência da CRFB/88 até 2009 as sentenças penais eram executadas antes do trânsito em julgado[179].

---

[176] STF. *STF decide que cumprimento da pena deve começar após esgotamento* de recursos. 07/11/2019. Disponível em:<http://portal.stf.jus.br/noticias/verNoticiaDetalhe.asp?idConteudo=429359&ori=1>. Acesso em: 05 Nov. 2019.

[177] Trata-se de uma ideia geral extraída da leitura do voto completo, prescindível detalhar em razão da exaustiva análise técnica das fundamentações do ministro sobre a temática, que são parecidas. Inclusive o ministro cita o tempo inteiro suas decisões anteriores. STF. ADC 43. Relator: Min. Marco Aurélio. Distrito Federal. 17/10/2019. *STF*, 2019. Disponível em: <http://www.stf.jus.br/arquivo/cms/noticiaNoticiaStf/anexo/ADCvotoRelator.pdf> Acesso em: 05 Nov. 2019.

[178] STF. ADC 43. Relator: Min. Marco Aurélio. Distrito Federal. 17/10/2019. *STF*, 2019. P. 3. Disponível em: <http://www.stf.jus.br/arquivo/cms/noticiaNoticiaStf/anexo/ADC43EF.pdf> Acesso em: 05 Nov. 2019.

[179] Nessa perspectiva é válido salientar que a população mais que dobrou entre 2003 e 2004, tornando gritante o assunto acerca das prisões provisórias. *Levantamento nacional de informações penitenciárias*: INFOPEN. Atualização: Junho de 2016/ organização, Thandara Santos; colaboração, Marlene Inês da Rosa. [et al.] – Brasília: Ministério da Justiça e Segurança Pública. Departamento Penitenciário Nacional. 65 p.:il. Color. P. 9.
STF. ADC 43. Relator: Min. Marco Aurélio. Distrito Federal. 17/10/2019. *STF*, 2019. P. 6. Disponível em:

Afirma Fachin que nosso texto constitucional foi levado para a Constituição da Itália e lá foi interpretado que a presunção da inocência revela a ausência da privação da liberdade no decorrer do processo, garantia de tratamento condizente com as diretrizes de direitos humanos, ampla defesa e outros, mas que não guarda relação com o esgotamento dos recursos[180]. Alega ainda que inexiste fundamentação para o argumento de irretroatividade da norma, porque não se trata de artigo que institui crime, mas apenas de uma interpretação sobre o momento da prisão[181].

Alexandre de Moraes, que até o momento não havia tido oportunidade de discutir a temática, votou para dar parcial procedência as ADCs em questão. Argumenta que as súmulas 716 e 717 do Supremo foram editadas com base na interpretação de que era possível a prisão após segunda instância. Alega que poucos dos ministros, estatisticamente, que passaram pelo STF desconsideraram a possiblidade da prisão após segunda instância[182].

Celso de Mello pugna pela não arbitrariedade, bem como pelas garantias individuais e resolução da problemática da sistematização processual, ao invés da supressão de uma cláusula pétrea. Em seus dizeres:

> A solução dessa questão, que não guarda pertinência – insista-se – com a presunção constitucional de inocência, há de ser encontrada

---

<http://www.stf.jus.br/arquivo/cms/noticiaNoticiaStf/anexo/ADC43EF.pdf>
Acesso em: 05 Nov. 2019.

[180] Observe-se que nosso diploma normativo foi levado para a Itália e não o inverso, mas o ministro acredita que devemos exportar a interpretação, sendo nossa a origem do texto constitucional. STF. ADC 43. Relator: Min. Marco Aurélio. Distrito Federal. 17/10/2019. *STF*, 2019. P. 11-12. Disponível em: <http://www.stf.jus.br/arquivo/cms/noticiaNoticiaStf/anexo/ADC43EF.pdf>
Acesso em: 05 Nov. 2019.

[181] STF. ADC 43. Relator: Min. Marco Aurélio. Distrito Federal. 17/10/2019. *STF*, 2019. P. 28. Disponível em: <http://www.stf.jus.br/arquivo/cms/noticiaNoticiaStf/anexo/ADC43EF.pdf>
Acesso em: 05 Nov. 2019.

[182] STF. ADC 43. Relator: Min. Marco Aurélio. Distrito Federal. 17/10/2019. *STF*, 2019. P. 15-16. Disponível em: < http://www.stf.jus.br/arquivo/cms/noticiaNoticiaStf/anexo/ADC43AM.pdf>
Acesso em: 05 Nov. 2019.

na reformulação do sistema processual e na busca de meios que, adotados pelo Poder Legislativo, confiram maior coeficiente de racionalidade ao modelo recursal, mas não, como se pretende, na inaceitável desconsideração de um dos direitos fundamentais a que fazem jus os cidadãos desta República fundada no conceito de liberdade e legitimada pelo princípio democrático[183].

Afirma ainda a impossibilidade de restringir um direito expressamente consagrado em razão da evolução histórica representada pela conquista do dispositivo do art. 5º, LVII da CF[184].

Rosa Weber, por sua vez, novamente mudou seu entendimento quando posto em relação ao HC do ex presidente Lula. Nessa perspectiva, trouxe um argumento bastante interessante. Casuisticamente, na constituição do Império o legislador citou ao invés do termo "trânsito em julgado" apenas "culpa formada". Ao seu sentir, o termo trânsito em julgado, em seu conceito formal, não aparece como cláusula pétrea de forma aleatória[185].

Repisa que na ocasião dos HCs sempre manteve o posicionamento da maioria em respeito ao princípio da segurança jurídica, mas que na presente ocasião é possível discutir o mérito, como o faz[186]. Rosa Weber acaba por interpretar conforme Marcelo Neves a norma em discussão: "O art. 5º, LVII, da CF enfeixa um princípio, sim – o da presunção

---

[183] STF. ADC 43. Relator: Min. Marco Aurélio. Distrito Federal. 17/10/2019. *STF*, 2019. P. 38. Disponível em: < http://www.stf.jus.br/arquivo/cms/noticiaNoticiaStf/anexo/ADC43MCM.pdf> Acesso em: 05 Nov. 2019.
[184] STF. ADC 43. Relator: Min. Marco Aurélio. Distrito Federal. 17/10/2019. *STF*, 2019. P. 38-41. Disponível em: < http://www.stf.jus.br/arquivo/cms/noticiaNoticiaStf/anexo/ADC43MCM.pdf> Acesso em: 05 Nov. 2019.
[185] STF. ADC 43. Relator: Min. Marco Aurélio. Distrito Federal. 17/10/2019. *STF*, 2019. P. 12. Disponível em: <http://www.stf.jus.br/arquivo/cms/noticiaNoticiaStf/anexo/ADC43votoRW.pdf> Acesso em: 05 Nov. 2019.
[186] STF. ADC 43. Relator: Min. Marco Aurélio. Distrito Federal. 17/10/2019. *STF*, 2019. P. 41. Disponível em: <http://www.stf.jus.br/arquivo/cms/noticiaNoticiaStf/anexo/ADC43votoRW.pdf> Acesso em: 05 Nov. 2019.

de inocência, como tantas vezes tem sido repetido, mas também enfeixa uma regra propriamente, uma regra específica, o que não se pode ignorar". Salienta, portanto, a característica da completude da interpretação, ao passo que resta impossível ignorar o termo trânsito em julgado, como se a norma não estivesse sendo lida por completo[187]. Teceu comentários de que o STF deve guardar o que já foi escrito pelo legislador, mas não é responsável por escrever a constituição. Desta feita, se o legislador optou pelo termo, cabe ao STF garantir o integral cumprimento[188].

.

---

[187] STF. ADC 43. Relator: Min. Marco Aurélio. Distrito Federal. 17/10/2019. *STF*, 2019. P. 46-47. Disponível em: <http://www.stf.jus.br/arquivo/cms/noticiaNoticiaStf/anexo/ADC43votoRW.pdf> Acesso em: 05 Nov. 2019.

[188] STF. ADC 43. Relator: Min. Marco Aurélio. Distrito Federal. 17/10/2019. *STF*, 2019. P. 53. Disponível em: <http://www.stf.jus.br/arquivo/cms/noticiaNoticiaStf/anexo/ADC43votoRW.pdf> Acesso em: 05 Nov. 2019.

OBSERVAÇÃO FINAL: PRESUNÇÃO DE INOCÊNCIA E TRÂNSITO EM JULGADO

A análise do problema apresentado durante o presente trabalho monográfico permitiu o estudo detalhado acerca de uma discussão antiga que tem relevantes implicações práticas. Desde o ano de 2009, os ministros do Supremo Tribunal Federal são questionados sobre a possibilidade de prisão antes do trânsito em julgado.

A dúvida para que frequentemente a discussão viesse à tona partia do antagonismo entre duas normas: artigo 5º, inciso LVII da Constituição Federal[189], que transcreve: "ninguém será considerado culpado até o trânsito em julgado de sentença penal condenatória" e o artigo 637 do CPP[190] que diz: "o recurso extraordinário não tem efeito suspensivo, e uma vez arrazoados pelo recorrido os autos do traslado, os originais baixarão à primeira instância, para a execução da sentença".

A partir desses três momentos emblemáticos de discussões, principalmente do último julgamento, que envolveu um ex-Presidente da República, o tema ganhou ainda mais força e

---

[189] BRASIL. *Constituição da República Federativa do Brasil*. Brasília, 1988. Disponível em <http://www.planalto.gov.br/ccivil_03/constituicao/constituição.htm>. Acesso em: 02 Set. 2019.
[190] BRASIL. *Código de Processo Penal. Decreto lei nº 3.689, de 03 de outubro de 1941*. Brasília, 1941. Disponível em: <http://www.planalto.gov.br/ccivil_03/decreto-lei/del3689compilado.htm>. Acesso em: 02 Set. 2019.

notoriedade. Dada a tamanha insegurança jurídica, em razão da mudança de opinião geral do guardião da Constituição por diversas vezes em um curto espaço de tempo, decidi analisar os votos proferidos pelos ministros à luz do trabalho de Marcelo Neves que, por sua vez, respaldou sua tese através de vários outros constitucionalistas de grande relevância nacional e internacional, conforme citado ao longo do trabalho.

Os ministros votaram da seguinte forma: no ano de 2009, votaram contra a possibilidade de prisão antes do trânsito em julgado: Carlos Ayres Britto, Celso de Mello, Cezar Peluso, Eros Grau, Gilmar Mendes, Marco Aurélio, Ricardo Lewandowski. Nesta mesma ocasião, votaram a favor: Cármen Lúcia, Ellen Gracie, Joaquim Barbosa, Menezes Direito[191].

Em 7 de fevereiro de 2016, votaram a favor da prisão após a condenação em segunda instância: Cármen Lúcia, Dias Toffoli, Edson Fachin, Gilmar Mendes, Luís Roberto Barroso, Luiz Fux, Teori Zavascki e votaram contra: Celso de Mello, Marco Aurélio, Ricardo Lewandowski, Rosa Weber[192].

Em 5 de outubro de 2016, votaram a favor da prisão após condenação em segunda instância: Cármen Lúcia, Edson Fachin, Gilmar Mendes, Luís Roberto Barroso, Luiz Fux Teori Zavascki e votaram contra os ministros Celso de Mello, Dias Toffoli, Marco Aurélio, Ricardo Lewandowski, Rosa Weber[193].

Em 11 de novembro de 2016, votaram a favor da possibilidade da prisão sem o trânsito em julgado do processo: Cármen Lúcia, Edson Fachin, Gilmar Mendes, Luiz Fux,

---

[191] MARÉS, Chico; BECKER, Clara. *Prisão após 2ª instância: quais ministros do STF mudaram de opinião - e de voto?*. 2018. Disponível em: <https://piaui.folha.uol.com.br/lupa/2018/12/19/ministros-2-instancia-mudanca/>. Acesso em: 02 set. 2019.

[192] MARÉS, Chico; BECKER, Clara. *Prisão após 2ª instância: quais ministros do STF mudaram de opinião - e de voto?*. 2018. Disponível em: <https://piaui.folha.uol.com.br/lupa/2018/12/19/ministros-2-instancia-mudanca/>. Acesso em: 02 set. 2019.

[193] MARÉS, Chico; BECKER, Clara. *Prisão após 2ª instância: quais ministros do STF mudaram de opinião - e de voto?*. 2018. Disponível em: <https://piaui.folha.uol.com.br/lupa/2018/12/19/ministros-2-instancia-mudanca/>. Acesso em: 02 set. 2019.

Roberto Barroso, Teori Zavascki e a favor: Celso de Mello, Dias Toffoli, Marco Aurélio, Ricardo Lewandowski[194].

No julgamento de habeas corpus do ex-presidente Lula, decidiram mantê-lo preso, ratificando a antiga jurisprudência os ministros Alexandre de Moraes, Cármen Lúcia, Edson Fachin, Luís Roberto Barroso, Luiz Fux, Rosa Weber. Votaram a favor do HC do ex-Presidente: Celso de Mello, Dias Toffoli, Gilmar Mendes, Marco Aurélio, Ricardo Lewandowski[195].

O objetivo dessa análise, desde o ano de 2009, até o ano de 2018, é possibilitar subsídio jurídico técnico para enxergar de maneira correta a divergência entre duas normas antagônicas: uma conhecida como princípio e a outra conhecida como regra. Ao longo da discussão, fica percebido que a nomenclatura não é preponderantemente importante.

Neves utiliza diversos critérios para aplicar corretamente a interpretação entre princípios e regras, conforme descritos no primeiro capítulo. Como ficou percebido no terceiro capítulo, muitos dos ministros que votaram contra a prisão antes do trânsito em julgado usaram argumentos equivalentes ou muito parecidos com os argumentos de Marcelo Neves.

Sob esse enfoque, tem-se que outra grande parte dos ministros que motivaram seus votos com base no sentimento social de injustiça, acabaram por perder, aos olhos da tese de Marcelo Neves, relevância jurídica. Isto porque o dever do julgador é prezar pela tecnicidade e não por sentimentos sociais.

Por fim, chegando à análise da ADC de número 54, percebe-se uma nova virada jurisprudencial, retomando a um estágio de insegurança jurídica e embates de argumentos jurídicos, todavia, talvez dessa vez o julgamento tenha apresentado uma visão mais

---

[194] MARÉS, Chico; BECKER, Clara. *Prisão após 2ª instância: quais ministros do STF mudaram de opinião - e de voto?*. 2018. Disponível em: <https://piaui.folha.uol.com.br/lupa/2018/12/19/ministros-2-instancia-mudanca/>. Acesso em: 02 set. 2019.

[195] MARÉS, Chico; BECKER, Clara. *Prisão após 2ª instância: quais ministros do STF mudaram de opinião - e de voto?*. 2018. Disponível em: <https://piaui.folha.uol.com.br/lupa/2018/12/19/ministros-2-instancia-mudanca/>. Acesso em: 02 set. 2019.

garantista do sistema penal e condizente com o objetivo pátrio pelo qual foi criado e regulamentado. Foi discutida a constitucionalidade do art. 283 do CPP, que guarda inteira relação e harmonia com redação do art. 5°, LVII da CF. Ficou decidida por declarar a norma constitucional e atribuir interpretação no sentido de não ser possível prender apenas após a condenação em segunda instância, diferentemente do que havia ocorrido no HC do ex-presidente Lula. Embora alguns ministros ainda tenham manifestado argumentos não válidos juridicamente pela ordem de Neves, muito foi combatido por outros tantos e notou-se um debate mais técnico, tendo como parâmetro o julgamento dos HCs anteriores.

Trata-se de um assunto de grande interesse e relevância social, que acabou por, ao menos momentaneamente, transparecer argumentação condizente com as pesquisas do autor em questão. Percebeu-se êxito na interpretação feita no presente escrito, tendo em vista a recente virada jurisprudencial que harmonizou o entendimento interpretativo com o explanado na constituição. Pelo enfoque neoconstitucionalista, conforme apresenta Marcelo Neves, o atual entendimento do supremo corrobora com a melhor exegese sobre a norma sob preponderância do presente escrito.

REFERÊNCIAS BIBLIOGRÁFICAS

AGRA, Walber de Moura. *Curso de Direito Constitucional*. 4. ed. Rio de Janeiro: Forense, 2008.

ALEXY, Robert (1979): "Zum Begriff des Rechtsprinzips". *In*: Werner Krawietz, Kazimirez Opalek, Aleksander Peczenik e Alfred Scharamm (orgs.). *Argmentation und Hermeneutik in der Jurisprudenz*. Berlim: Dunker & Humblot, pp. 59-87.

BRASIL. *Código de Processo Penal. Decreto lei nº 3.689, de 03 de outubro de 1941*. Brasília, 1941. Disponível em: <http://www.planalto.gov.br/ccivil_03/decreto-lei/del3689compilado.htm>. Acesso em: 02 Set. 2019.

BRASIL. *Constituição Federal de 1988*. Brasília, 1988. Disponível em <http://www.planalto.gov.br/ccivil_03/constituicao/constituição.htm> Acesso em: 02 Set. 2019.

BRASIL. *Lei de Execuções Penais. Lei nº 7210 de 11 de julho de 1984*.Brasília, 1984. Disponível em: <http://www.planalto.gov.br/ccivil_03/leis/l7210.htm>. Acesso em: 02 Set. 2019.

BRASIL. *Lei nº 7.960, de 21 de dezembro de 1989*. Brasília, 1989. Disponível em:<http://www.planalto.gov.br/ccivil_03/leis/L7960.htm>. Acesso em: 02 Set. 2019.

COSTA, José de Faria; SILVA, Marco Antônio Marques da (Org.). *Significados da Presunção de Inocência.* In: Direito Penal Especial, Processo Penal e Direitos Fundamentais. São Paulo: Quartier Latin, 2006.

BRASIL. STF. Medida Cautelar na Ação Declaratória de Constitucionalidade n° 54. Relator: Min. Marco Aurélio. **Diário Oficial da União**. Brasília, 2018. Disponível em: <https://www.conjur.com.br/dl/adc-54-marco-aurelio-transito-julgado.pdf>. Acesso em: 09 set. 2019.

CUELLO, Jesica Carolina. *A banalização da prisão preventiva: crítica à garantia da "ordem pública" enquanto fundamentação para decretação do cárcere cautelar.* 2016. Disponível em: <http://repositorio.furg.br/handle/1/7315#targetText=Resumo %3A,previstos%20na%20legisla%C3%A7%C3%A3o%20processu al%20penal.>. Acesso em: 02 set. 2019.

DOWRKIN, Ronald. *Taking Rights Seriously* .6°.ed. Londres: Duckworth, 1991. [trad.bras.: *Levando os direitos a sério.* São Paulo: Martins Fontes, 2002].

FRANCO, Alberto Silva. *Crimes Hediondos:* anotações sistemáticas à Lei 8.072/90. São Paulo, Editora Revista dos Tribunais, 2000.

GOMES, Luiz Flávio. *Estudos de direito penal e processual penal.* São Paulo: Revista dos Tribunais, 1998.

GRAZIANO SOBRINHO, Sérgio Francisco Carlos. *Os impactos econômicos da atuação do sistema penal: vida virtual, isolamento e encarceramento em massa.* 2014. Disponível em: <http://www.scielo.br/pdf/seq/n69/06.pdf>. Acesso em: 02 set. 2019.

HABERMAS., Jürgen (1992) *Faktizität und Geltung. Beiträge zur Diskurstheorie des Rechts und des demokratischen Rechtsstaats.* Frankfurt am Main: Suhrkamp [trad. bras.: *Direito e democracia: entre a facticidade e validade.* 2ª.ed. Rio de Janeiro: Tempo Brasileiro, 2003, 2vols.].

HEGEL, G.W.F. *Grundlinien der Philosophie des Rechts oder Naturrecht und Staatswissenschaft im Grundrisse: mit Hegels eigenhändigen Notizen und den mündlichen Zusätzen,* W 7. E. Moldenhauer e K. M. Michel (ed.). Frankfurt a. M: Suhrkamp [1ª ed. Berlim, 1821]

LFG. *Crimes mais praticados no Brasil que lotam as penitenciárias.* 2018.

Disponível em: <https://www.lfg.com.br/conteudos/artigos/geral/crimes-mais-praticados-no-brasil-que-lotam-as-penitenciarias>. Acesso em: 02 set. 2019.

LOPES JR, Aury. *Prisões cautelares*. São Paulo: Saraiva, 2017.

LUHMANN, Niklas. *Die Gesellschaft der Gesellschaft*. Frankfurt am Main: Suhhrkamp, 1997 [trad. esp.: *La sociedad de la sociedad*. México: Herder/ Universidad Iberoamericana, 2007ª].

MARÉS, Chico; BECKER, Clara. *Prisão após 2ª instância: quais ministros do STF mudaram de opinião - e de voto?*. 2018. Disponível em: <https://piaui.folha.uol.com.br/lupa/2018/12/19/ministros-2-instancia-mudanca/>. Acesso em: 02 set. 2019.

MEDINA, Damares. *Instabilidade jurisprudencial no STF dificulta cultura de precedentes*. 2015. Disponível em: <https://www.conjur.com.br/2015-set-28/damares-medina-instabilidade-decisoes-stf-gera-inseguranca>. Acesso em: 17 Ago. de 2019.

MOUZALAS, R.; NETO, J.O.T; MADRUGA, E. *Processo Civil volume único*. JusPodivm: Salvador. 2016.

NEVES, Marcelo. *Entre Hidra e Hércules*: Princípios e Regras constitucionais. WFM Martins Fontes: São Paulo, 2013.

ORGANIZAÇÃO DOS ESTADOS AMERICANOS. *Convenção Americana de Direitos Humanos*. Costa Rica, 1969. Disponível em: <https://www.cidh.oas.org/basicos/portugues/c.convencao_amer icana.htm.>. Acesso em: 17 Ago. 2019.

SANTOS. Thandara. *Levantamento nacional de informações penitenciárias*: INFOPEN. Atualização: Junho de 2016/ organização, Thandara Santos; colaboração, Marlene Inês da Rosa. [et al.] – Brasília: Ministério da Justiça e Segurança Pública. Departamento Penitenciário Nacional. 65 p.:il. Color.

SARLET, Ingo Wolfgang. *A eficácia dos direitos fundamentais: uma teoria geral dos direitos fundamentais na perspectiva constitucional* .11. ed. rev. atual. Porto Alegre: Livraria do Advogado Editora, 2012.

STF. *Ação Declaratória de Constitucionalidade n. 43*. Relator: Min. Marco Aurélio. Distrito Federal. 17/10/2019. *STF*, 2019.

Disponível em: <http://www.stf.jus.br/arquivo/cms/noticiaNoticiaStf/anexo/A DCvotoRelator.pdf> Acesso em: 05 Nov. 2019.

STF. *Ação Declaratória de Constitucionalidade n. 43*. Relator: Min. Marco Aurélio. Distrito Federal. 17/10/2019. *STF*, 2019. Disponível em: <http://www.stf.jus.br/arquivo/cms/noticiaNoticiaStf/anexo/A DC43EF.pdf> Acesso em: 05 Nov. 2019.

STF. *Ação Declaratória de Constitucionalidade n. 43*. Relator: Min. Marco Aurélio. Distrito Federal. 17/10/2019. *STF*, 2019.Disponível em: <http://www.stf.jus.br/arquivo/cms/noticiaNoticiaStf/anexo/A DC43AM.pdf> Acesso em: 05 Nov. 2019.

STF. *Ação Declaratória de Constitucionalidade n. 43*. Relator: Min. Marco Aurélio. Distrito Federal. 17/10/2019. *STF*, 2019. Disponível em: <http://www.stf.jus.br/arquivo/cms/noticiaNoticiaStf/anexo/A DC43MCM.pdf> Acesso em: 05 Nov. 2019.

STF. *Ação Declaratória de Constitucionalidade n. 43*. Relator: Min. Marco Aurélio. Distrito Federal. 17/10/2019. *STF*, 2019. Disponível em: <http://www.stf.jus.br/arquivo/cms/noticiaNoticiaStf/anexo/A DC43votoRW.pdf> Acesso em: 05 Nov. 2019.

STF. *Ação Declaratória de Constitucionalidade n. 44*. Relator: Min. Marco Aurélio. Distrito Federal, DJ: 07/11/2019. *STF*, 2019. Disponível em: <http://portal.stf.jus.br/processos/downloadPeca.asp?id=313831 973&ext=.pdf> Acesso em: 28 Nov. 2019.

STF. Habeas Corpus n. 126.292. Relator: Min. Teori Zavascki. São Paulo, DJ: 07/02/2017. *STF*, 2017. Disponível em: <http://portal.stf.jus.br/processos/detalhe.asp?incidente=469757 0>. Acesso em: 02 Set. 2019.

STF. Habeas Corpus n. 152.752. Relator: Min. Edson Fachin. Paraná, DJ: 02/02/2018. *STF*, 2018. Disponível em: <http://portal.stf.jus.br/processos/detalhe.asp?incidente=534609 2> Acesso em: 02 Set. 2019.

STF. Habeas Corpus n. 84.078. Relator: Min. Eros Grau. Minas Gerais, DJ: 05/02/2009. *STF*, 2009. Disponível em: <http://redir.stf.jus.br/paginadorpub/paginador.jsp?docTP=AC& docID=608531>. Acesso em: 02 Set. 2019.

STF. Habeas Corpus n. 88.413. Relator: Min. Cezar Peluso. Minas Gerais, DJ: 09/06/2006. *STF*, 2006. Disponível em: <https://stf.jusbrasil.com.br/jurisprudencia/14732342/habeas-corpus-hc-88413-mg/inteiro-teor-103118465?ref=juris-tabs> Acesso em: 02 Set. 2019.

STF. *STF decide que cumprimento da pena deve começar após esgotamento* de recursos. 07/11/2019. Disponível em:<http://portal.stf.jus.br/noticias/verNoticiaDetalhe.asp?idCon teudo=429359&ori=1>. Acesso em: 05 Nov. 2019.

TEUBNER, Gunter (1996ᵃ). *"Altera pars audiatur : das Recht in der Kollision anderer Universalitätsansprüch"*. In: Archiv für Rechts- und Sozialphilosophie, suplemento [Beiheft] nº: 65. Wiesbaden: Steiner, pp. 199-200 [trad. bras.: *"Altera pars adiatur*: o direito na colisão de discursos". In: Gunther Teubner et al. Direito e cidadania na pós-modernidade. Piracicaba: Unimep, 2002, pp.91-129].

TOURINHO FILHO, Fernando da Costa. *Processo Penal.* 20ᵃ ed. São Paulo: Saraiva, 1998.

www.ingramcontent.com/pod-product-compliance
Lightning Source LLC
Chambersburg PA
CBHW021449210526
45463CB00002B/693

* 9 7 8 1 6 7 6 6 7 4 3 8 2 *